Umgang mit Hengsten

Umgang mit Hengsten

Angelika Schmelzer

CADMOS
PFERDEBÜCHER

Covergestaltung: Ravenstein Brain Pool, Völkersen

Titelfoto: Angelika Schmelzer
Innengestaltung und Layout: Rüdiger Mohrdieck
Druck: Westermann Druck, Zwickau

Printed in Germany

ISBN 3-86127-501-5

Inhaltsverzeichnis

Faszination Hengst – für viele die Erfüllung eines lebenslangen Traumes

VORWORT

Von Hengsten geht eine Faszination aus, die nicht in Worte zu fassen ist, der sich kaum jemand entziehen kann und die Reiter verschiedener Reitstile und Anhänger aller Rassen vereint. „Der Hengst" aber ist in erster Linie ein Mythos, kein wirkliches, greifbares und unmittelbar erlebbares Pferd. Vielleicht ist es gerade die schon sprichwörtliche Wildheit des Hengstes, die uns in einer immer perfekteren und berechenbareren Welt so anzieht, einer Welt, in der man das Abenteuer schon mit der Lupe suchen muß. Mit dem Hengst hofft man ein Stück Freiheit, ein Stück Ursprünglichkeit und unbezähmbare Wildnis für sich ganz persönlich erwerben und bewahren zu können. Und doch ist es gerade diese Wildheit, die der Erfüllung des Traumes im Wege zu stehen scheint. Denn in unseren Köpfen existiert ein Bild vom Hengst, das zum großen Teil aus Gerüchten, Vorurteilen und Verallgemeinerungen besteht und meist recht wenig wirkliches Wissen und echte Erfahrung beinhaltet.

Wer hat nicht Fernsehsendungen wie „Black Beauty", „Fury" oder „Blitz, der schwarze Hengst" mit angehaltenem Atem und pochendem Herzen verfolgt? Wer träumte nicht als Kind vom unbesiegbaren schwarzen Hengst, der auf Zuruf freudig heranstürmt und außer uns keinen anderen Reiter auf seinem Rücken duldet? Ein Rapphengst, meist mit einem kleinen Stern, der irgendwie aus diesen Vorbildern plus einem Schuß „Gharib“ – dem bekannten Marbacher Araber – gemixt war, bevölkerte die kindliche Vorstellungswelt, Walt Disney sei Dank.

Mit dem Eintritt in die rauhe Reiterwelt nimmt dieser naive Traum dann meist ein recht jähes Ende und führt fortan ein Leben im Untergrund. Die Vorstellung vom Hengst als einzigartigem, herausgehobenen Pferd, das eine ganz besondere Bindung mit seinem Reiter eingeht und längst nicht jedem beliebigen Menschen seine Zuneigung schenkt, wird verdrängt oder ersetzt durch die vom „wilden Mann“ im Hengst, der ihn zu einem unberechenbaren, gefährlichen und nur von besonders begabten Menschen bezwingbaren Raubtier macht. Bewundernd schaut man zum Reitlehrer auf, der vielleicht einen Reit- oder Deckhengst sein eigen nennt und diesen mit gewaltigen Anstrengungen zumindest zeitweise davon abzubringen vermag, immer nur an „das Eine“ zu denken. Sich selbst traut man diese gigantische Leistung natürlich nicht zu, wenn man nach wie vor mit den Feinheiten des Leichttrabens oder Durchparierens kämpft. Aus der Traum! Fortan wird das geistige Bild vom einzigartigen Hengst ersetzt durch das eines braven, leider etwas sturen Wallachs oder einer lieben, dummerweise zyklusbedingt leicht hysterischen Stute, man vergräbt den Traum vom Reithengst tief in der hintersten Schublade, wo er beim Anblick des erstbesten Gestütsschaubildes fröhliche Urstände feiert.

Aber dann! Da tauchen auf einmal, als man sich schon bequem zurückgelehnt hat und ganz zufrieden ist mit Zorro, Valur, Little Lady oder Domina, genau die Traumhengste auf, die bis dato lediglich die Vorstellungswelt des frustrierten Durchschnittsreiters bevölkerten. Kompakt, mit mächtigem Hals und prächtiger Mähne, ausdrucksvollem Gesicht und gewaltiger Aktion. Obendrauf kein Potenzprotz, der das eigene kümmerliche Selbstbewußtsein durch einen Reithengst künstlich aufpoliert, sondern Menschen wie du und ich, Männer, Frauen, erstaunlicherweise sogar recht häufig Kinder. Die deutsche Reiterei hat die Barockpferde wiederentdeckt, und mit diesen lebenden Vertretern einer alten Reitkultur auch die Hengstreiterei. Der Traum vom Hengst rückt erneut in greifbare Nähe.

Zur Verwirklichung dieses Traumes tragen allerdings nicht nur die vielen Barockpferde bei, ob Andalusier, Friesen oder Lipizzaner, die inzwischen die Reitställe bevölkern, sondern auch die sogenannten Spezialrassen. Ihre Population ist hier, im Exil, oft noch recht klein, und um einer Verarmung des Genpools entgegenzuwirken, ist der prozentuale Anteil der Hengste am Gesamtbestand relativ hoch. Zudem liegt die Zucht dieser Spezialrassen überwiegend in den Händen von Privatzüchtern, während warmblütige Vatertiere häufig in staatlichen Deckstationen ihren Dienst tun. Also finden wir auch im Bereich anderer, sogenannter alternativer Rassen und Reitweisen mehr Hengste als bei den konventionellen Reitern. Dank Barocker Reitkunst und Spezialrassen geht der Trend eindeutig in Richtung Hengst.

Unser Traum scheint nun zum Greifen nahe, aber damit stellen sich auch die ersten, nagenden Zweifel ein: Reichen meine reiterlichen Kenntnisse, mein pferdekundliches Wissen aus? Kann ich meinen Hengst artgerecht halten oder ist er automatisch zu einem Leben in Isolation verdammt? Was tue ich, wenn die unvermeidlich erscheinenden Hengstmanieren auftreten? Begebe ich mich automatisch in Gefahr, wenn ich einen Hengst halten und reiten will? Der Kauf eines Hengstes gleicht dem sprichwörtlichen Sprung ins kalte Wasser, denn nur wenigen Reitern ist es vergönnt, praktische Erfahrung zu sammeln und damit Vorurteile zu verifizieren. Der Hengst ist nach wie vor eine Ausnahmeerscheinung, und dies ist keineswegs eine Folge der Probleme, die die Hengsthaltung mit sich bringt, sondern erklärt sich vor allem aus der Reittradition.

Im deutschsprachigen Raum wurzelt der Reitsport fest in der militärischen Gebrauchsreiterei. Reithengste aber hatten in der Kavallerie nichts verloren, sie ließen sich mit preußischer Disziplin auf dem Reitplatz und den oft beengten Unterbringungsmöglichkeiten in Manöver und Feld nicht vereinbaren. Haltung und Einsatz der Vererber lag lange Zeit überwiegend in staatlicher Hand, private Hengsthaltung war eher die Ausnahme denn die Regel.

Stuten und Wallache bevölkerten und bevölkern die Boxenställe, Turnierplätze und Unterrichtsstunden, Hengste bewunderte – und fürchtete – der Durchschnittsreiter, wenn überhaupt, aus der Ferne. Ihre Haltung, ihr Einsatz als Reit- wie als Vatertier blieb wenigen privilegierten Experten vorbehalten. Genau hier liegt das Problem: Durch die weithin fehlende Erfahrung mit den praktischen Seiten der Hengsthaltung steht man allein auf weiter Flur, will man sich den Traum vom Hengst erfüllen.

Mit anderen Worten, Fakten sind Mangelware, Vorurteile in negativem wie in positivem Sinn überwiegen echtes Wissen in der reiterlichen Allgemeinheit bei weitem. Dabei liegen inzwischen sowohl ausreichende Erkenntnisse

Die Zucht von Spezialrassen – hier Isländerhengst „Hördur" – liegt meist in den Händen von Privatleuten

aus der Verhaltensforschung als auch praktische Erfahrungen vor, die unser Vorstellungsbild vom Hengst erweitern und verändern helfen. Es gilt allerdings, eigene vorgefaßte Meinungen zu revidieren und die oft immer noch tiefen Gräben zwischen den verschiedenen Reitstilen zu überwinden. Manch ein Warmblutliebhaber glaubt beispielsweise immer noch, Erkenntnisse aus der Haltung von

Robustpferden ließen sich auf keinen Fall auf seine um so viel edleren Hengste übertragen oder, wie mir einmal die Besitzerin eines völlig gestörten, unberechenbar auf Artgenossen gleich welchen Geschlechtes losgehenden Reithengstes stolz erklärte, „das ist eine Frage des Charakters", sprich, ein richtiger Hengst tut das. Vorurteile eben – oder vielleicht Dummheit?

Man muß schon genau hinsehen, will man das Pferd hinter dem Mythos entdecken

Wer aber einen Hengst so zu nehmen vermag, wie er eben ist – in erster Linie als Pferd, in zweiter als Individuum und in dritter als „richtigen Mann" – für den wird der Traum Wirklichkeit.

Wer sich einem Pferd mit echter Neugierde und sensiblem Interesse nähert – egal, ob Hengst, Stute oder Wallach –, wird durch eine Beziehung jenseits des kitschigen und unrealistischen Images belohnt. Machen wir uns also daran, das Pferd hinter dem Mythos zu entdecken!

DER KLEINE UNTERSCHIED

Vergleichen wir einen Hengst mit einem Wallach oder einer Stute derselben Rasse, erkennen wir meist auf den ersten Blick, daß der angeblich so „kleine Unterschied"

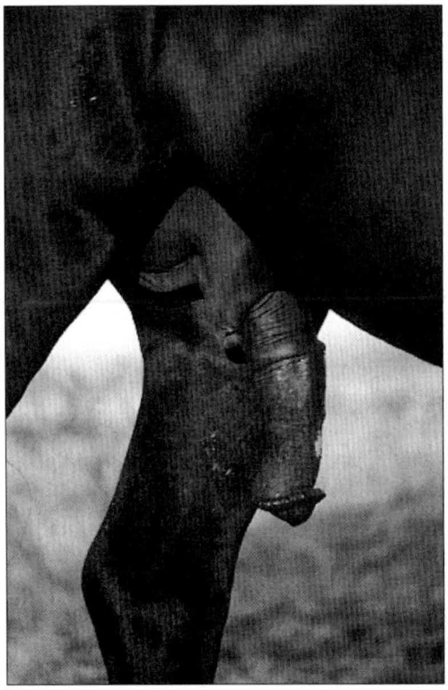

Rein anatomisch gesehen ist der Unterschied zwischen Hengst und Wallach oder Stute wirklich nur klein

genau genommen alles andere als klein ist. Sieht man von den Hoden ab, die tatsächlich recht gut versteckt und geschützt im Schenkelspalt ihr wohlbehütetes Leben fristen und deswegen oft erst bei näherer Betrachtung auffallen, unterscheidet sich der Hengst rein anatomisch gesehen tatsächlich nicht vom Wallach. Trotzdem sind selbst für Laien die Unterschiede zwischen den Geschlechtern nicht zu übersehen: Das männliche Pferd wirkt bei weitem imposanter, mächtiger, eindrucksvoller als sein weiblicher oder kastrierter Artgenosse, zeigt einen deutlich anderen Ausdruck, einen kräftigeren Körperbau und mehr Präsenz. Der Hengst zieht alle Blicke auf sich, seine Muskulatur ist stärker ausgebildet, der Hals mächtig und gewölbt, häufig ist das Langhaar üppiger und dichter, der Blick wacher und aufmerksamer.

GESCHLECHTSTYP

Der Fachmann – oder die Fachfrau – spricht vom „Geschlechtstyp" und meint damit, daß man einem Pferd (wie auch anderen Haustieren und uns Menschen) meist quasi an der Nasenspitze die Geschlechtszugehörigkeit ablesen kann. Was den Hengst vom Wallach und beide von der Stute unterscheidet, sind also weniger die Hoden, die einem auf den ersten Blick sagen, daß man einen richtigen Mann vor sich hat, sondern vor allem die sogenannten sekundären Geschlechtsmerkmale. Es gibt also neben dem rein anatomischen kleinen Unterschied noch eine ganze Reihe anderer geschlechtstypischer Merkmale, die vor allem auf die Wirkung der Geschlechtshormone zurückzuführen sind. Sie erst machen den Hengst zum Hengst, sie verleihen ihm das äußere Bild eines echten Machos und sie machen oft genug dem Hengsthalter und -reiter zu schaffen, wenn Freund Fury wieder einmal das Gehirn abschaltet und zum willenlosen Spielball seiner Hormone zu werden scheint.

In der Herde, in der Interaktion mit anderen Pferden, fällt ein weiterer Unterschied auf: Auch das Verhalten des Hengstes und seine Rolle in der Herde unterscheiden sich deutlich von dem einer Stute. Auf die Ethologie des sozialen Wesens „Pferd", das geschlechtstypische Verhalten des Hengstes, wollen wir im nächsten Kapitel näher eingehen.

ANATOMIE

Hoden, Nebenhoden, Penis und akzessorische Geschlechtsdrüsen bilden eine funktionelle Einheit zur Weitergabe von Erbinformation. In den Hoden, der Bildungsstätte der männlichen Geschlechtszellen, werden ständig aus Stammzellen (Spermatogonien) über mehrere Zwischenstufen Spermien gebildet und an die Nebenhoden weitergegeben. Die Hoden sind außerdem eine Hauptbildungsstätte der männlichen Geschlechtshormone und deswegen quasi das Zentrum der

Schon an der Nasenspitze lassen sich Hengst und Stute unterscheiden, wie hier beispielhaft von zwei Connemarapon demonstriert wird

gesamten männlichen Herrlichkeit. Pendelnd im Zwischenschenkelspalt aufgehängt, sicher in einem Hautsack (Skrotum) verwahrt und von einer Vielzahl Hüllen geschützt, mit einem eigenen Muskel bei Bedarf anzuheben, bieten sie den empfindlichen Spermien die äußeren Bedingungen, die sie für ihre Heranreifung zu befruchtungsfähigen Keimzellen benötigen, dazu gehört vor allem reifen. Drei akzessorische Geschlechtsdrüsen – die Samenblasendrüse oder Glandula vesicularis, die Vorsteherdrüse oder Glandula prostatica und die Harnröhrenzwiebeldrüse oder Glandula bulbourethralis – bilden nährstoffhaltige Sekrete, die dem Ejakulat beigemischt werden und die Aufgabe haben, die Funktionsfähigkeit der Spermien nach der Ejakulation für einige Zeit zu erhalten.

Greifbares Ergebnis des kleinen Unterschieds: Nach elf Monaten erblickte „Adonis" das Licht der Weidewelt

auch eine leicht unter der normalen Körpertemperatur liegende Dauerwärme.

Dicht mit jedem Hoden (Orchis oder Testes) verbunden liegt jeweils ein Nebenhoden (Epididymis), ein kleines, wurmähnliches Gebilde, in das die Spermien nach 49 Tagen Aufenthalt im Hoden einwandern und innerhalb von zwei bis drei Wochen aus-

Das Ejakulat, bestehend aus 3-12% Spermien und den Drüsensekreten, wird schließlich im Bedarfsfall über den Penis abgegeben, der im Ruhezustand in der Vorhaut, dem Präputium, verborgen ist. Beim Pferd unterscheidet man, im Unterschied zu anderen Haustieren, eine „innere" und eine „äußere" Vorhaut, da das innere Blatt eine Art Reservefalte bildet.

Beim Strahlen oder entspannten Dösen fällt der Penis passiv leicht vor, bei der Erektion dagegen werden die umfangreichen, schwammartigen Schwellkörper in seinem Inneren maximal mit Blut gefüllt, das nach erfolgter Ejakulation wieder abfließt. In der sexuellen Erregung werden die zuführenden Blutgefäße (Arterien) stark geweitet und zusätzlich die abführenden Gefäße (Venen) versperrt. Nach der Ejakulation kehrt sich dieser Vorgang um, und der Penis wird durch seine Muskulatur aktiv wieder in die Vorhaut zurückgeführt.

Bei der Ejakulation hat die Penisspitze Kontakt mit dem äußeren Muttermund der Stute, die Spermien verteilen sich im Sekret des weiblichen Genitals und wandern mit einer Geschwindigkeit von 4-6 mm pro Minute der Eizelle entgegen. Angetrieben von rythmisch peitschenden Bewegungen der Spermienschwänze, angelockt von chemischen Lockstoffen des Eis und immer gegen den Strom schwimmend, machen die Spermien eine weitere Entwicklung durch, die Kapazitation. Erst wenn sie einige Zeit dem Milieu des weiblichen Genitals ausgesetzt sind, erlangen sie ihre endgültige Befruchtungsfähigkeit. Am Ziel seiner Wanderung angekommen, weicht das siegreiche Spermium die äußere Hülle der Eizelle auf, dringt ein und löst damit eine Reaktion aus, die das Eindringen weiterer Spermien verhindert.

HORMONE

Alle hormonellen Systeme sind äußerst komplizierte, auf mehreren Ebenen ablaufende und mit eigenen Sicherheitssystemen versehene Regulationsmechanismen. Wir setzen im allgemeinen Sprachgebrauch fälschlich den Begriff „Hormon" meist automatisch mit „Geschlechtshormon" gleich, in Wirklichkeit existieren aber in unserem wie auch im Pferdeorganismus eine ganze Reihe hormoneller Regelsysteme, die so unterschiedliche Funktionen wie beispielsweise das Körperwachstum, den Blutdruck oder den Blutzuckerspiegel regulieren.

Hormone sind Botenstoffe, die an verschiedenen Schaltstellen des Körpers eingesetzt werden, unter anderem eben auch zur Steuerung der Sexualfunktionen. Das Prinzip

So ein Mann, so ein Mann… Für die Ausprägung der sekundären Geschlechtsmerkmale sind die männlichen Geschlechtshormone verantwortlich

dieser Systeme läßt sich mit einem Dominoeffekt vergleichen: Schubst man den ersten Stein an, fallen die dahinter aufgestellten Dominosteine einer nach dem anderen um. Neben der elektrischen Informationsweitergabe über Nervenbahnen existieren parallel mehrere solcher Hormonkaskaden, deren Botenstoffe über das Blut als Transportmedium im Körper verteilt und an ihre Zielorgane geleitet werden.

Wollen wir die hormonelle Steuerung des Wesens „Hengst" genauer betrachten, beginnen wir auf der obersten und von den eigentlichen Geschlechtsteilen noch meilenweit entfernten Ebene, nämlich im Hypothalamus, einer Region des Zwischenhirns. Unter bestimmten Umständen werden dort Hormone produziert, die über einen eigenen Weg in die Hirnanhangsdrüse, die Hypophyse gelangen. Sie (die „gonadotrope releasing hormons" = „an die Keimdrüsen gerichtete Freisetzungshormone", GnRH) lösen dort die Bildung weiterer Botenstoffe (Gonadotropine) aus, die nun ihrerseits über das Blut in die Geschlechtsorgane gelangen. Diese Gonadotropine wiederum sind verantwortlich für den Eintritt der Geschlechtsreife und die Ausbildung der bereits erwähnten sekundären Geschlechtsmerkmale.

Interessanterweise sind die Gonadotropine nicht geschlechtsspezifisch, sondern kommen sowohl beim männlichen als auch beim weiblichen Tier gleichermaßen vor. So stimuliert eines der Gonadotropine, das FSH („follikelstimulierendes Hormon") bei der Stute zyklusabhängig die Bildung der Eizellen, während genau dasselbe Hormon beim Hengst auf die Hoden einwirkt und dort sowohl die Bildung der Spermien als auch die Produktion der Androgene (Testosteron, Androsteron) anregt. Ein zweites Gonadotropin, das Luteinisierungshormon oder LH, fördert bei der Stute die weitere Heranreifung der Eizelle bis zum Eisprung, unterstützt aber beim männlichen Tier die Produktion und Abgabe der männlichen Geschlechtshormone. Die gonadotropen Hormone des Hypophysenvorderlappens sind also direkt für die so wichtigen, weil arterhaltenden Sexualfunktionen verantwortlich und stimulieren die Bildung der Geschlechtshormone, diese wiederum haben auch eine sogenannte extragenitale Wirkung, auf die wir gleich noch eingehen werden.

Ein Regelkreis stellt sicher, daß sich die Produktion der Geschlechtshormone immer innerhalb bestimmter Grenzen hält. FSH regt nebenbei auch die Bildung bestimmter Botenstoffe an, die seine eigene Produktion hemmen, außerdem wirkt Testosteron, das ja unter der Wirkung von FSH entstanden ist, hemmend auf die weitere Freisetzung von FSH.

Die in den Hoden gebildeten Androgene gehören zur Gruppe der Steroidhormone und sind damit chemisch gesehen beispielsweise mit dem Cholesterin und dem Vitamin D verwandt. Nicht nur in beiden Hoden, sondern auch in der Nebenniere und im weiblichen Ovar werden androgene Hormone gebildet, allerdings nur in relativ geringen Mengen. Wie bereits erwähnt, sind die männlichen Geschlechtshormone nicht nur verantwortlich für die Funktion des Geschlechtsapparates, sondern zeigen auch eine Wirkung auf den Gesamtorganismus. Diese unspezifischen Wirkungen der Androgene bestehen in einer Intensivierung aufbauender Prozesse des Stoffwechsels: Alle Wachstumsprozesse verlaufen unter der Wirkung von Androgenen schneller und intensiver. Man bezeichnet dies als den „anabolen Effekt“, und der Begriff „Anabolika“ ist uns ja aus der Sportberichterstattung nur allzu bekannt.

Ob unter natürlichen Bedingungen beim Hengst, illegal in Form von Doping oder im therapeutischen Einsatz bei der Behandlung von rekonvaleszenten Patienten, die Wirkung von Testosteron und seinen synthetischen oder natürlichen Verwandten ist dieselbe: Verstärkter Aufbau von Muskelmasse unter besserer Ausnutzung der Futtereiweiße, verbesserte Neubildung roter Blutkörperchen, verminderte Ausscheidung von Wasser und Elektrolyten und natürlich die Maskulinisierung, die Vermännlichung – auch weiblicher Organismen!

Eine ziemlich komplizierte Geschichte also, diese Regulation über verschiedene Stationen, mit unterschiedlichen Botenstoffen, Rückkopplungen und einer großen Wirkungsvielfalt. Berücksichtigt man außerdem die Einbindung des ganzen Geschehens in den Gesamtorganismus, beispielsweise den Einfluß der Psyche auf die hormonellen Abläufe oder die Bedeutung des Futterzustandes auf die Fruchtbarkeit männlicher und weiblicher Tiere, wird die ganze Komplexität deutlich.

PFERDE-KNIGGE

„Artgerecht“ hat gute Chancen, zum pferdigen Schlagwort des Jahrzehnts zu werden. Dem wahren Pferdefreund liegen artgerechte Erziehung, artgerechte Haltung, Fütterung und Ausbildung oder das, was er dafür hält, heute am Herzen. Je mehr sich der Trend, Pferde um ihrer selbst willen und weniger lediglich als Mittel zum Zweck zu halten, durchsetzt, desto stärker rückt auch die Frage nach ihrem Wohlbefinden in den Vordergrund und eben dieses gewährleistet nur derjenige, der seine Pferde unter Bedingungen hält, die ihren typischen, arteigenen Bedürfnissen weitestgehend entsprechen. Artgerechte Bedingungen eben.

So ist der moderne Pferdefreund bestrebt, Wissen und Erfahrung verstärkt auf dem komplexen Gebiet der Pferdehaltung und nicht mehr allein bezüglich des eigentlichen Pferdesports gezielt zu erwerben, entsprechende Fortbildungsveranstaltungen gehören heute zum „Muß“ jedes Reitvereins. In einem Aufwasch wurde auch die Beziehung zwischen Pferd und Mensch in den letzten Jahren zwar nicht neu definiert, aber doch kritisch hinterfragt und, wo möglich und nötig, optimiert. Das schöne Wort „horsemanship“

„Artgerecht“ – was ist das?

macht, nicht nur unter Westernfreunden mit einem Hang zu Amerikanismen, die Runde. Die Frage nach den Bedürfnissen und natürlichen Veranlagungen des Pferdes wird zur Sinnfrage der gesamten Reiterei, manchmal übers Ziel hinausschießend, immer aber bemüht und selbstkritisch.

Wer aktiv um die artgerechte Haltung seines Pferdes bemüht ist, weiß aus erster Hand um die Zusammenhänge zwischen der Erfüllung fundamentaler Bedürfnisse und Gesundheit, Wohlbefinden und Leistungsfähigkeit seiner Vierbeiner, aber auch um die Notwendigkeit zur Kompromißfähigkeit.

Eine bis in letzte Konsequenz artgerechte Haltung ist für Otto-Normal-Pferdehalter kaum möglich: Räumliche, bauliche und organisatorische Zwänge, die eigenen Bedürfnisse und Wünsche, durch züchterische Fehlleistungen und Fehler während der prägenden Aufzuchtphase vorbelastete Pferde und nicht zuletzt nach wie vor mangelndes Wissen reduzieren den menschlichen Idealismus auf das Machbare.

Der Hengsthalter sieht sich weitaus mehr noch als der Besitzer eines Wallachs oder einer Stute Zwängen und Einschränkungen unterworfen, die den Traum vom artgerecht gehaltenen Hengst oft genug in weite Ferne rücken lassen. Die dauernde Isolationshaft in einer rundum vergitterten Box darf und muß allerdings nicht als allgemeingültige Endlösung angesehen werden. Inhaltlich eng verknüpft mit dem Begriff der artgerechten Hengsthaltung ist die Frage nach dem natürlichen Verhalten des Hengstes.

Hier ist gut Pferd sein: Artgerecht gehaltene Jungpferdgruppe auf der Sommerweide

„ARTGERECHT" – WAS IST DAS?

Wer sein Pferd artgerecht halten will, muß zunächst genauer wissen, was sich im einzelnen hinter diesem doch recht dehnbaren und schwammigen Begriff verbirgt. Die Frage nach angeborenen Bedürfnissen, natürlichen Haltungsbedingungen und instinktiven Verhaltensweisen läßt sich eigentlich nur dort allgemeingültig beantworten, wo Pferde unter völlig „naturbelassenen" Verhältnissen, ohne menschliches Eingreifen, frei leben dürfen. Kaum ein Pferdefreund ist allerdings in der Lage, eigene Beobachtungen und Untersuchungen an Wildpferdeherden anzustellen, sondern greift bei Interesse auf die Veröffentlichungen von Verhaltensforschern und anderen Wissenschaftlern zurück. Ihre Studien an wildlebenden Pferdegemeinschaften haben das Ziel, unser Wissen über die Struktur, das „Wie" und „Warum" dieser Überlebensgemeinschaft zu erweitern, ein möglichst vollständiges und genaues Verzeichnis des Verhaltensrepertoires (ein sogenanntes Ethogramm) aufzustellen, herauszufinden, wie Rangordnungskämpfe und andere Auseinandersetzungen oder Probleme innerhalb der Herde gelöst werden, und genauer zu beobachten, wie sich Pferde untereinander verständigen. Diese Verhaltensweisen finden wir mit gewissen Einschränkungen in den von uns Menschen künstlich geschaffenen Herdengemeinschaften wieder, die zwar in vielen wesentlichen Punkten nicht den natürlich gewachsenen Pferdegruppen entsprechen, dem interessierten Hobbyethologen aber durchaus als Anschauungsmaterial dienen können.

Eines muß ganz klar gesagt werden: Unsere heutigen Hauspferdrassen unterscheiden sich hinsichtlich ihrer Grundbedürfnisse nicht im mindesten von den alten Wildpferdeformen. Die Geschichte der Domestikation begann vor ungefähr fünftausend Jahren, und in dieser Zeit haben wir es zwar geschafft, zahlreiche Merkmale – etwa Größe, Knochenbau oder Gangarten – in bestimmten Rassen gezielt zu kumulieren, die Evolution jedoch, die beispielsweise aus dem Steppentier Pferd das Höhlentier Pferd machen und es damit an die Haltung in den nach wie vor dominierenden Gitterboxenställen anpassen könnte, verläuft in wesentlich größeren Zeitmaßstäben. Überflüssig zu erwähnen, daß außerdem Hengste dieselben fundamentalen Bedürfnisse haben wie ihre weiblichen und kastrierten Artgenossen, die aber ungleich schwieriger zu verwirklichen sind und in den meisten Fällen dem Hengsthalter größere Anstrengungen und eine weitergehende Kompromißbereitschaft, aber auch meist höhere finanzielle Aufwendungen abverlangt.

Zurück zur Frage nach den einzelnen Aspekten des Begriffes „artgerecht".

Pferde sind Herdentiere

In letzter Konsequenz bedeutet dies: Ein Pferd ist kein Pferd, artgerechte Haltung ist mithin die Haltung in der Gruppe.

Das Pferd hat sich über Jahrtausende zu einem sozialen Lebewesen entwickelt, das in der Gruppe und nur in der Gruppe überlebte. Natürlich gewöhnen sich einzeln gehaltene Pferde an ihr Los, sie fallen nicht reihenweise tot um, aber die dauerhafte Isolierung dieses sozialen Lebewesens von Artgenossen widerspricht seinen fundamentalsten Bedürfnissen. Pferde leiden stumm, anders als beispielsweise Hunde oder Katzen, die ihrem Mißfallen durch lautstarkes Geheul und Geschrei Ausdruck verleihen und ihrem Menschen damit die Chance geben, Mißstände unmittelbar zu erkennen und sie abzustellen. Bei Pferden muß man schon ein bißchen genauer hinsehen, denn statt dessen entwickeln sie im Laufe der Zeit Verhaltensstörungen, die sich im schlimmsten Fall verselbständigen und sogar nach etwaigen Verbesserungen der Haltungsbedingungen nicht mehr rückgängig zu machen sind.

Nimmt man dem Pferd die Möglichkeit zur sozialen Interaktion mit Artgenossen, kann es einen großen Teil seines Verhaltenspotentials nicht ausleben. Fellkraulen, Laufspiele, gemeinsame Ruhe, Rangordnungsrangeleien, jegliches Lernen, Üben und Verbessern sozialer Verhaltensweisen ist unmöglich, dauernde Unruhe, Triebstau („Trieb" hier nicht im engeren Sinne auf sexuelle Triebhaftigkeit beschränkt) und als dessen unmittelbare Folge sogenannte Unarten als Ventil, dauernder Bewegungsmangel die Folge der Isolationshaft.

Asoziale Pferde, also Tiere ohne ein normal ausgebildetes Verhaltenspotential, leiden nicht nur selbst, sie machen es auch ihrem Reiter und Halter schwer. Weder Unterordnung noch Kooperation, weder sensible Reaktionen auf Hilfen jeder Art noch echtes Interesse am Sozialpartner Mensch kann von Pferden erwartet werden, die ihre soziale Intelligenz nicht grundlegend in der Herde erwerben und ausbilden konnten. Auch wenn die grundsätzlichen Fähigkeiten, die das Herdentier Pferd zu einer erfolgreichen Teilnahme am Leben der Gruppe benötigt, zum großen Teil angeboren sind, müssen sie doch während der prägenden Kinder- und Jugendjahre erprobt und verbessert werden. Dies gilt auch und vor allem für die mit der Dominierung und

Subordination zusammenhängenden Verhaltensweisen und Rituale, die für das harmonische Zusammenleben von Pferd und Mensch von außerordentlicher Bedeutung sind!

Harmonie in Licht und Schatten

Wie stark das Wohlbefinden des Individuums von der Einbindung in die Gruppe abhängt, zeigt beispielsweise das Schlafverhalten. Freilebende Pferde schlafen nie alle zur gleichen Zeit, meist legen sich einzelne Herdenmitglieder für kurze Zeit in Seitenlage nieder, während andere in Brustlage dösen oder oberflächlich schlafen und mindestens eines Wache hält. Beobachtet man das Schlafverhalten von Pferden in Gitterboxenställen, stellt man eine signifikante Verkürzung der wichtigen, in Seitenlage verbrachten Tiefschlafphasen fest. Da die Pferde im Niederlegen jeden Blickkontakt mit Artgenossen verlieren, fühlen sie sich unsicher und schlafen deswegen nur oberflächlich und unruhig. Ermöglicht man durch Sehschlitze im unteren, verschalten Teil der Boxen den Blickkontakt wieder, kann eine Verbesserung des Schlafverhaltens festgestellt werden.

Reichlich Platz zum Laufen, Spielen, Toben haben diese drei Hengste auf ihrer Hangkoppel, die außerdem noch Muskeln und Gelenke trainiert

Pferde sind Lauf- und Fluchttiere

Der Bewegungstrieb unserer Pferde ist eng mit ihrem Freßverhalten verbunden, denn die steppenbewohnenden Vorfahren unserer heutigen Hauspferde mußten ursprünglich täglich weite Strecken zur Nahrungs- und Wasseraufnahme unter die Hufe nehmen. Je nach Futterangebot legen Pferde in Freilandhaltung oder wildlebende Herden noch heute zwischen sechs und dreißig Kilometer, meist im ruhigen Schritt, zurück. Ihr Bewegungsdrang ist genetisch fixiert, also angeboren und wird, da solche ausgedehnten Wanderungen durch intensive Weidebewirtschaftung und die Gabe konzentrierten Futters bei unseren domestizierten Pferden nicht direkt infolge der Futtersuche befriedigt werden kann, von ihnen in Bewegungsspiele und andere zweckfreie Aktivitäten umgemünzt.

Beengte Aufstallungsverhältnisse, die den Pferden das Ausleben dieses Laufbedürfnisses nicht gestatten, verursachen einen Bewegungsstau, der sich dann in Stereotypien (Kreiswandern, Weben) sowie aggressivem Verhalten und nicht regulierbarem Temperament unter dem Sattel Luft macht. Auch medizinische Folgen einer derart verfehlten Haltungsform sind inzwischen bekannt, beispielsweise Zwanghufe, Sehnenschäden und verminderte Bildung der sauerstofftragenden roten Blutkörperchen.

Eng an das Bedürfnis aller Pferde nach ausreichender Bewegung, ihrem Drang in die Weite, ist ihr Fluchtverhalten gekoppelt. Sie suchen ihr Heil in der Flucht, wenn echte oder vermeintliche Feinde auftauchen, wie jeder Reiter spätestens bei der ersten Begegnung mit gefährlich raschelnden Plastiksäcken, blutrünstig kläffenden Minihunden und anderen Monstern erfährt, wenn sein treues Roß unvermittelt alle viere in den Boden stemmt, sich auf der Hinterhand herumwirft (ein Roll-Back, wie er im Buche steht) und im gestreckten Galopp dem Ort des unheimlichen Geschehens entflieht, möglichst geradewegs auf die nächste Autobahn zu. Erst erschrecken, dann überlegen, lautet die Devise. Andere, mit wirksamen Waffen und den passenden Instinkten ausgestattete Wildtiere und ihre domestizierten Verwandten stellen sich in derselben Situa-

Halten wir also fest: „Artgerecht" bedeutet „in Gesellschaft von Artgenossen".

In Pferdekreisen ist Flucht die beste Verteidigung

Halten wir also zweitens fest: „Artgerecht" bedeutet „mit Raum zur Befriedigung des Laufbedürfnisses und Fluchtverhaltens".

tion dem Kampf, unsere Pferde können das schlicht und ergreifend nicht. Es liegt ihnen nicht im Blut, sie verfügen weder über die notwendigen Mittel noch das passende Verhaltenspotential.

Flucht also, und das möglichst in der Gruppe. Wirkliche Flucht oder zumindest der Abbau des durch angsterregende Reize ausgelösten Fluchttriebes ist aber nur da möglich, wo genügend Platz zum Rennen vorhanden, wo zumindest Raum für ein Runde im Galopp ist. Unsere Pferde treffen ja normalerweise weder auf Säbelzahntiger noch auf andere echte Gefahren, eine realistische Fluchtmöglichkeit müssen wir ihnen also nicht bieten. Wo aber Fluchtverhalten durch entsprechende Reize ausgelöst wurde, will und muß es sich abbauen. Weiden, Koppeln und Paddocks, selbst kleinste Ausläufe lassen ein paar angedeutete Galoppsprünge, eine gewisse Fluchtdistanz zu, dem Bedürfnis ist Genüge getan, es kehrt wieder Ruhe ein im Pferde-Hasenherz. In der Box ist dafür kein Platz, ja mehr noch: Das Pferd hat meist nicht einmal die Möglichkeit, den fluchtauslösenden Reiz auf seine Gefährlichkeit hin zu überprüfen. Wer behauptet, Pferde würden ihre Box als sicheren Ort erkennen und sich dort wohl und gut aufgehoben fühlen, stellt damit lediglich eine weitere faule Schutzbehauptung auf, deren es im Bereich Tierhaltung ja schon mehr als genug gibt. Der Gegenbeweis ist mehr als einfach zu führen: In jeder Offenstallanlage, in der die Pferde ständig frei ihren Aufenthaltsort bestimmen können, stürmt die ganze Gesellschaft bei potentiell gefahrenbringenden Umweltreizen geschlossen ins Freie und nicht etwa in den schützenden Unterstand. Offenstallgruppen oder Weidepferde wählen nicht das schützende Gebüsch oder den abgeschirmten Waldrand für ihr Nickerchen, sondern einen freiliegenden, Rundumsicht bietenden und nach menschlichen Gesichtspunkten völlig ausgesetzten und ungeschützten Platz. Wie gesagt, Pferde sind eben keine Höhlentiere.

Pferde nehmen aktiv an ihrer Umwelt teil

Zu dieser Auseinandersetzung mit Umwelteinflüssen gehört nicht nur die Reaktion auf einwirkende mechanische Reize wie etwa Licht, Geräusche oder Niederschläge, sondern auch die soziale Interaktion. Beide Komponenten ergeben sich teilweise prinzipiell aus dem bereits Gesagten, resultieren also aus der Definition des Pferdes als Herden-, Lauf- und Fluchttier, hinzu kommen die eher langfristig wirkenden Licht- und Klimareize.

Wir Menschen machen im Umgang mit Pferden und anderen Haustieren oft den Fehler, von unseren Bedürfnissen und Eigenschaften auf die der uns anvertrauten Tiere zu schließen. Gerade zwischen Pferd und Mensch gibt es durchaus Überschneidungen, in vielen wesentlichen Bereichen aber unterscheiden wir uns doch signifikant von unseren Vierbeinern. Das betrifft nicht zuletzt die Art und Weise, wie wir mit der Umwelt und unseren Artgenossen interagieren.

Bezüglich der Außentemperatur und Niederschlägen bestehen ganz erhebliche Unterschiede zwischen Mensch und Pferd. Wir verlieren über unsere Körperoberfläche relativ viel Wärme, etwa 20mal soviel wie unsere Pferde. Das hängt mit dem Verhältnis von Körperoberfläche und -masse zusammen, das beim Pferd wesentlich günstiger ist. Während wir Menschen deswegen ständig bemüht sind, den Wärmeverlust über die Körperoberfläche gering zu halten, uns also bei großer Kälte in x Schichten Kleidung zwiebelschalenmäßig einhüllen und am liebsten neben dem warmen Ofen sitzen, liegt die Wohlfühltemperatur unserer equiden Freunde wesentlich tiefer. Ihr leistungsfähiges Temperaturregulationssystem kommt spielend mit Extremtemperaturen und Temperaturschwankungen zurecht, selbst die ach so gefürchtete Zugluft ist mehr Mythos denn ein echtes Problem, auch Wind und Nässe werden problemlos verkraftet. Nimmt man dem Pferd allerdings die Möglichkeit, sich mit Klimareizen auseinanderzusetzen, werden entsprechende Fähigkeiten nicht ausgebildet. Der warme, heimelig nach Pferd riechende Stall ist für Tierärzte und Verhaltensforscher ein Alptraum und mit verantwortlich für das erschreckende Ausmaß an Atemwegserkrankungen im konventionellen Boxenstall.

Auch der Einfluß des Lichtes kann nicht hoch genug eingeschätzt werden. Der Geschlechtszyklus der Stute, die Regulation des Fellwechsels sowie die Produktion von Vitamin D sind direkt von Lichtreizen beziehungsweise wechselnden Tageslichtlängen abhängig. Zunehmende Tageslichtlängen bilden die Initialzündung für die erste Rosse nach der Winterpause, abnehmende Längen dagegen sind das Signal für die vorübergehende Einstellung des Zyklus.

Die Angewohnheit, ihre Umwelt ständig hinsichtlich potentieller Gefahrenquellen aufmerksam zu beobachten und beurteilen, zieht sich durch sämtliche Pferderassen. Geräusche, Gerüche und Bewegungen sowohl innerhalb der Herde als auch in der weiteren Umwelt werden registriert und beurteilt, die Reaktionen darauf erfolgen prompt und setzen sich

Dies bedeutet für Pferdefreunde drittens: „Artgerecht" heißt „mit der Möglichkeit zur aktiven Teilnahme an der belebten und unbelebten Umwelt".

Ein bißchen Schnee und ein paar Grad unter Null schaden der Lebensfreude dieser Junghengste nicht

blitzschnell in der Gruppe fort. Auch gegenüber ihren Artgenossen verhalten sich Pferde grundsätzlich sensibel und aufmerksam, sind sich ständig ihrer Einbindung in die Gruppe bewußt. Dabei übersteigen sowohl ihre Sinnesleistungen als auch ihre Empfindsamkeit gegenüber Signalen der Sozialpartner die Möglichkeiten von Menschen gewaltig.

So weit, so gut. Neu ist das ja alles nicht, wenn es auch teilweise immer noch ignoriert oder weggeredet wird. Verbreitet ist der Einwand: Mit meinem Hengst ist das natürlich nicht möglich! Hengste, da ist man sich weitgehend einig, lassen sich unmöglich in Gemeinschaft mit Artgenossen halten – von den Herden auf Zeit eines im Herdensprung deckenden Vererbers einmal abgesehen-, den Hengst muß ich unbedingt in eine ausbruchssichere Box einsperren und ständig kontrollieren, sonst regt der arme Kerl sich dauernd auf und metzelt auf der Suche nach der nächsten Stute alles nieder.

Sehen wir uns also nach dem Pferd im allgemeinen den Hengst im besonderen an.

Gemeinsam dösen hier Hengste und Wallache und nur Deckhengst „Vikingur" riskiert einen neugierigen Blick

Hengste sind in erster Linie Pferde

Leider oder vielmehr glücklicherweise kennen obengenannte Bedürfnisse keine Geschlechtsunterschiede. Hengste benötigen die Gesellschaft von Artgenossen, brauchen die soziale Interaktion ebenso wie ihre kastrierten Kollegen. Ausreichende Bewegung, Fluchtmöglichkeit und eine ihren Sinnen zugängliche Umwelt müssen auch in der Haltung von Hengsten gewährleistet sein. Daß dieses „Muß“ ein „Kann“ ist, wird der interessierte Hengsthalter beispielhaft auf einigen Gestüten beobachten, die seit Jahren erfolgreich Hengste – auch Deckhengste – in Herdengemeinschaften laufen lassen, während der Decksaison zusammen mit den zu beglückenden Stuten und Fohlen, danach zusammen mit Kollegen (=Konkurrenten!) und Wallachen. Allerdings Ponyhengste.

Weit verbreitet ist nach wie vor der Irrglaube, Ponys seien irgendwie fundamental anders gestrickt als „richtige“ Pferde, sprich Warmblüter. Dieses Vorurteil rührt wohl daher, daß in Ponykreisen und im Lager anderer, „alternativer“ Rassen eine weitestgehend artgerechte

Typisch Hengst: Auf„steigen“ und den eigenen Rang verbessern

Eine artgerechte Haltung kommt nicht allein dem Pferd, sondern auch dessen Besitzer zugute

Haltung seit Jahren gang und gäbe ist und weitaus häufiger praktiziert wird als im Lager der dauerhaft in Gitterboxen aufgestallten und damit mehr oder weniger asozial lebenden Warmblüter. Ausnahmen bestätigen die Regel.

Zurück zur alles entscheidenden Frage: Artgerechte Hengsthaltung, aber wie? Dazu werfen wir zunächst noch kurz einen genaueren Blick auf die Feinstruktur einer natürlich gewachsenen Pferdeherde. Der Hengst als einsamer Tyrann, der mit Mut und Härte eine große Stutenherde bewacht und kontrolliert, eventuelle Rivalen der Einfachheit halber gleich totprügelt und sich todesmutig jeder Gefahr stellt, existiert nur in schlechten Abenteuerbüchern und Walt-Disney-Produktionen.

Pferde leben in Familienverbänden, bestehend aus einem Hengst und einer Anzahl Stuten samt deren höchstens einjährigen Nachkommen, Hengste ohne eigenen Harem schließen sich zu Junggesellenherden zusammen, Althengste streifen oft allein umher. Solche Kernherden finden sich zeitweise – etwa während großer Wanderungen – zu stattlichen Herdengemeinschaften zusammen.

Die Aufgaben innnerhalb der Familienclans sind klar verteilt: Der Haremshengst sorgt als Vererber für Nachkommen und hält seine Haremsdamen zusammen, eine ältere, erfahrene Stute dient als Leittier und führt die Herde bei ihren Wanderungen zwischen Futter- und Wasserplätzen an, gibt das Signal zum Aufbruch oder zur Rast. Der Begriff „Leithengst", wie er in der Literatur teilweise verwendet wird, führte in der Vergangenheit oft zu Verwirrung und zu einer unzulässigen Vereinfachung der tatsächlichen Strukturen, der Hengst leitet nicht, bestenfalls treibt er seine Herde, und zwar von hinten. Es ist auch keineswegs gesagt, daß der oder die Hengste automatisch einen hohen Rang innerhalb der Herde einnehmen, wie dies vielfach geglaubt wird, vielmehr übernimmt das Hengstfohlen zunächst den Rang von Mama und arbeitet sich im Laufe der Zeit die soziale Rangleiter hoch, aber keinesfalls immer bis ganz nach oben. Dies ist von immenser Bedeutung für den Hengsthalter, der oft unter dem Eindruck steht, sich gegenüber dem automatisch ranghohen und damit enorm selbstbewußten Hengst mit Gewalt durchsetzen zu müssen. Hengste sind sicher eher als Stuten oder Wallache bestrebt, ihren Rang gegenüber Artgenossen oder dem menschlichen Betreuer nach oben zu verbessern und provozieren dadurch häufiger entsprechende Auseinandersetzungen, dies erfordert aber vom Menschen bestenfalls eine erhöhte Wachsamkeit, keineswegs eine ausgesprochene Gewaltbereitschaft. Dominieren ja, das Rückgrat brechen nein!

Gehen wir einmal davon aus, daß im großen und ganzen ebensoviele Hengst- wie Stutfohlen fallen und daß der durchschnittliche Haremshengst mehr als eine Stute sein eigen nennt, so leben unter natürlichen Bedingungen weitaus mehr Hengste als Single denn als Familienoberhaupt. Eine artgerechte Hengsthaltung beinhaltet deswegen nicht zwangsweise die Nutzung des Hengstes als Vererber, denn auch unter natürlichen Bedingungen kommt längst nicht jeder Hengst zum Zug. Natürlich möchten auch Singles gerne, es ist ihnen aber durchaus zuzumuten, nicht zu dürfen.

Weiterhin ist festzustellen, daß in freier Wildbahn Begegnungen zwischen Haremshengsten infolge der gemeinsamen Wanderungen regelmäßig auftreten, mithin das Zusammenleben von Hengsten kein Ding der Unmöglichkeit ist.

Aus all dem ergibt sich folgender Pferde-Wunschzettel:

1. **Halte mich möglichst dauernd, zumindest aber täglich zeitweise in der Gesellschaft von Artgenossen.**
2. **Gib mir täglich die Möglichkeit, mich ohne Reiter im Freien zu bewegen.**
3. **Erlaube mir, durch aktive Teilnahme an der belebten und unbelebten Umwelt meine Sinne zu schärfen, meinen Körper gesund und widerstandsfähig zu erhalten und meine kommunikativen Fähigkeiten zu verbessern.**
4. **Nimm in jeder Hinsicht meine tatsächlichen Bedürfnisse, nicht deine menschlichen Wünsche und Vorlieben zum Maßstab.**

Der spezielle Hengst-Wunschzettel umfaßt dagegen nur einen Punkt:

1. **Behandle mich wie ein Pferd (s.o.).**

WAS HENGSTCHEN NICHT LERNT…

…lernt Hengst nimmermehr?! Ganz so schlimm ist es glücklicherweise nicht, aber tatsächlich werden die Grundlagen des Sozialverhaltens in der Jugendzeit gelegt, und Versäumnisse sind später nur sehr mühsam wieder auszubügeln. Das Verhaltenspotential wiederum prägt später entscheidend die Art und Weise, wie Mensch und Pferd miteinander umgehen. Der Käufer eines erwachsenen Hengstes wird damit mehr oder weniger vor vollendete Tatsachen gestellt, während der glückliche Besitzer eines Absetzers die Dinge, sprich eine artgerechte Aufzucht in der Herde, selbst in die Hand nehmen kann.

Aber der Reihe nach:

Das Verhältnis zwischen Pferd und Mensch im allgemeinen und Hengst und Mensch im besonderen wird zu jeder Zeit von drei Faktoren bestimmt: Management, Ausbildung und Erziehung. Unter das Management fallen alle Haltung und Fütterung betreffenden Aspekte, die ganz wesentlich für das Sozialverhalten des Hengstes, aber auch sein Wohlbefinden, seine Leistungsbereitschaft und Gesundheit verantwortlich sind. Im Rahmen der Ausbildung wird das Pferd auf seinen späteren Beruf als Reit- oder Fahrpferd vorbereitet und ständig weitergebildet, es

Zwei wohlerzogene Hengste begegnen sich – und nichts passiert

lernt, auf Signale – Reiterhilfen – auf bestimmte Art zu reagieren, erweitert und verfeinert seine natürlichen Anlagen. Die Erziehung schließlich formt das Pferd zu einem angenehmen Begleiter seines Betreuers, fördert Kooperation und Motivation, was wiederum der weiteren Ausbildung zugute kommt .... Ganz klar: Alle drei Faktoren überschneiden und beeinflussen einander mehr oder weniger und spielen während verschiedener Lebensalter des Pferdes eine unterschiedlich bedeutende Rolle.

Artgerechte Aufzucht bedeutet: Pferd sein dürfen, zunächst mit Mama, später zunehmend mit Gleichaltrigen

Die Haltung des Hengstes unterscheidet sich während der Aufzucht nicht, später allerdings – wie wir noch sehen werden – in einigen Aspekten deutlich von der gleichaltriger Stuten oder Wallache. Bezüglich der Fütterung ist lediglich bei Deckhengsten auf einige Besonderheiten zu achten, ansonsten profitieren Hengste wie alle anderen Pferde auch von einer möglichst leistungsgerechten, ausgewogenen Fütterung – wie sie selten praktiziert wird. Die je nach Sparte und Reitstil unterschiedliche Ausbildung des Hengstes beginnt mit der Fohlenarbeit und wird während des ganzen Lebens

Mit einer zwanglosen, spielerischen Fohlenerziehung wird der Grundstein für das spätere Zusammenleben gelegt

fortgeführt, weist aber ebenfalls keine wesentlichen geschlechtstypischen Besonderheiten auf. Deswegen und da die Ausbildungsmethode ganz wesentlich von der Pferderasse, dem gewählten Reitstil, reiterlichen Vorbildern und anderen, individuellen Faktoren abhängt, kann sie nicht Thema dieses Buches sein.

Anders die Erziehung: Die Erziehung des Hengstes unterscheidet sich zwar in ihren Grundzügen und Methoden nicht von der weiblicher oder kastrierter Pferde, berücksichtigt aber in einzelnen Aspekten doch deutlich das typische Verhalten des Hengstes gegenüber Artgenossen und den Menschen. Dabei darf eines nicht vergessen werden: Unser Hengst ist zwar zunächst nur als Pferd und erst in zweiter Linie als Pferd männlichen Geschlechts zu betrachten, aber trotzdem drittens auch ein Individuum. Eine einzige, universell „richtige" Erziehungsmethode gibt es deswegen nicht und darf es nicht geben; einschlägige Anleitungen sind immer nur so gut, wie sie das Pferd als Ganzes betrachten und ausreichend Raum für seine Individualität lassen.

HENGSTAUFZUCHT

Haben Sie sich für einen Absetzer oder Jährling entschieden, liegt es an Ihnen, seine Aufzucht von Anfang an in die richtigen Bahnen zu lenken, und dies bedeutet, daß er zunächst über lange Zeit einfach nur Pferd sein darf. Das Leben in der Herde, Auseinandersetzungen und Freundschaften mit gleichaltrigen und älteren Geschlechtsgenossen werden den Grundstein für ein normales Verhalten weitaus besser legen, als es der erfahrenste Ausbilder vermag. Die Unterbringung in einer Herde ermöglicht die Bildung eines gesunden, angemessenen Verhaltenspotentials, auf dem später die weitergehende Erziehung fußt, während Einzelhaltung und frühe, intensive Arbeit der sicherste Weg zum „gefährlichen" Hengst ist. In der Interaktion mit Artgenossen lernt der Junghengst, auszuteilen und zurückzustecken, Freundschaften zu bilden und zu erhalten, Kommunikation aktiv und passiv zu betreiben, und entwickelt ein gesundes, stolzes Selbstbewußtsein ohne Machogehabe. Daneben werden durch den Aufenthalt im Freien alle Sinne geschärft, Muskeln und Organe gestärkt, Balance und Trittsicherheit geübt.

Private Pferdehalter sind meist nicht in der Lage, jungen Hengsten wirklich optimale Aufzuchtbedingungen zu bieten: Übersichtlichen Herdenverbänden, weitläufigen, möglichst strukturierten Weiden im Sommer und ebenso großzügig gestalteten

Offen- oder Laufställen während der Wintermonate kommt in den entscheidenden Jahren eine mindestens ebenso große Bedeutung zu wie regelmäßigen Entwurmungen und anderen pflegerischen Maßnahmen.

Es sollte Ihnen deswegen nicht schwerfallen, sich zunächst wieder von Ihrem neuen Freund zu verabschieden und ihn bei einem Züchter in Pflege zu geben. Sie erweisen damit nicht nur Ihrem Pferd, sondern auch sich selbst einen Gefallen. In den Händen eines erfahrenen Profis kann Ihr Junghengst nicht nur artgerecht aufwachsen, sondern auch die ersten Schritte in Sachen Ausbildung und Erziehung tun, die noch während der Aufzuchtphase anstehen.

BASISAUSBILDUNG

In der Handhabung dieser Fohlenausbildung – Halfterführigkeit, Anbinden, Gewöhnung an Huf- und Körperpflege – verfahren die meisten Betriebe unabhängig von Rasse und Reitstil ähnlich: Die Gruppe wird ein- oder zweimal jährlich am Haus aufgestallt, gewöhnt sich so an den näheren Kontakt mit menschlichen Betreuern, die Jungpferde werden dann für ungefähr zehn bis fünfzehn Minuten täglich einzeln ausgebildet und nach ein bis zwei Wochen wieder in die Freiheit entlassen. Diese Grundausbildung ist auch bei traditionell halbwild aufgezogenen Pferderasssen wie den Isländern unbedingt notwendig, denn wenn der erste Kontakt mit dem Menschen erst im Alter von etwa drei Jahren erfolgt, artet dies häufig in eine wilde Auseinandersetzung aus, in der der Mensch entweder dauerhaft unterliegt oder dem Junghengst der Nerv gezogen wird, da man sich diesem halbwilden und so gut wie ausgewachsenen Tier gegenüber nur noch mit roher Gewalt durchsetzen kann.

Verantwortungsbewußte Betriebe führen übrigens von Anfang an Buch über jedes einzelne Pferd: In diesem Ausbildungsprotokoll werden alle Lernschritte sowie die Besonderheiten des Individuums schriftlich festgelegt und bilden eine wertvolle Informationsquelle für spätere Ausbildungsstufen oder den zukünftigen Käufer.

Frühzeitig können so auch potentielle Probleme, etwa besonders schreckhafte oder dominante Pferde, erkannt und gezielt eingedämmt werden.

Hengstanwärter werden zusätzlich recht früh anlongiert, um ihre Muskulatur und ihr Gangwerk im Hinblick auf eine eventuelle Körung auszubilden, und besonders aggressive oder dominante Pferde werden ebenfalls intensiver betreut, um Probleme schon im Ansatz zu beseitigen.

Weiter geht's!

Die weiterführende Ausbildung des Jungpferdes nach der Auf-

Unausgesprochenes Ziel jeder Beziehung ist die Harmonie, nicht die Unterwerfung

zuchtphase hängt überwiegend von Faktoren wie Rassezugehörigkeit, bevorzugtem Reitstil oder gewählter Sportart ab. Empfehlenswert ist in jedem Fall zunächst die sorgfältige Ausbildung am Boden mit Führübungen, Longen-

und Doppellongenarbeit zur Festigung des Dominanzverhältnisses und streßfreien Vorbereitung auf die Arbeit unter dem Reiter – auch hier sei auf einschlägige Fachliteratur verwiesen. Leider greift die Tendenz zur „Kinderarbeit" immer mehr um sich und nimmt insbesondere in der Aufzucht von Hengstanwärtern teilweise tierquälerische Formen an. Dabei stehen die ehemals „alternativen" Reitweisen, vor allem die Western- und Gangpferdeszene, dem konventionellen Lager inzwischen in nichts nach. War man früher auf seine pferdegerechten Methoden stolz und tat sich einiges darauf zugute, Pferde erst nach abgeschlossenem Wachstum in die Arbeit zu nehmen, (er)findet man heute immer neue Gründe dafür, in frühester Kindheit mit intensiver Ausbildung inklusive Beschlag, Einzelaufstallung usw. zu beginnen und insbesondere Zuchttiere frühzeitig an ihre Leistungsgrenzen heranzuführen. Zwar ist einzusehen, daß zumindest zukünftige Vererber hinsichtlich ihrer Qualitäten beurteilt werden müssen, hinter diesem allgemeinen, nicht auf Zuchttiere beschränkten Trend stehen aber in Wirklichkeit ganz handfeste finanzielle Gründe, an denen der zukünftige Käufer nicht ganz unschuldig ist. Später angerittene Pferde kosten den Züchter mehr, und der Käufer ist in den meisten Fällen eben nicht bereit, diese Kosten zu übernehmen.

Es spricht aus diesen Gründen einiges dafür, sein zukünftiges

Reitpferd bereits im Kindesalter zu erwerben, um dann zu einem selbstgewählten Zeitpunkt mit der Ausbildung beginnen zu können. Dabei spielt es natürlich keine Rolle, ob man dies dann selbst übernimmt oder einen erfahrenen Trainer damit betraut. Es ist in jedem Fall davon abzuraten, Warmblutpferde früher als mit etwa drei Jahren und Spätentwickler wie das Islandpony früher als mit vier, besser fünf Jahren ernsthaft anzureiten. Sie lohnen ihrem Menschen diese Rücksichtnahme mit einem längeren, gesünderen Leben.

HENGSTERZIEHUNG

Aus den vorangegangenen Kapiteln sollte klar hervorgegangen sein, daß die Einbindung des Pferdes in die Herdenstruktur zum Vorteil des Individuums ist und daß in diesem Zusammenhang auftretende gelegentliche Rangauseinandersetzungen trotz der aggressiven Komponente völlig wertfrei zu betrachten sind.

Grundsätzlich sollte jeder Reiter einen höheren Rang als sein Pferd einnehmen, unabhängig von dessen Geschlecht, Rasse oder Alter. Da wir Menschen uns dabei mehr oder weniger die natürlichen Verhaltensweisen unserer Pferde zunutze machen und es deswegen keine Unterwerfung oder gar Demütigung für das Pferd bedeutet, sich unterordnen zu müssen, stellt die Klärung des Rangverhältnisses niemanden vor ethische Grundsatzfragen. Wie die Herdenführer wildlebender Pferdegemeinschaften auch, übernehmen wir Menschen die Führungsrolle und bieten dabei dem uns anvertrauten Pferd Schutz und Geborgenheit. Daß uns dies auch gewissermaßen in die Pflicht nimmt, versteht sich von selbst.

Abstand halten, auch wenn es schwerfällt, muß hier Appaloosahengst „Steel A Glo“

Jede Erziehung zielt, unabhängig von Ausbildungsinhalten und -zielen, auf die dauerhafte Verankerung eben dieses Verhältnisses ab. Welchen Reitstil man bevorzugt, welcher Trainer oder Ausbilder als Vorbild dient, welches Buch man zur Hand nimmt, ist dabei zweitrangig. Allerdings müssen in der Hengsterziehung die besonderen Verhaltensweisen und potentiellen Probleme berücksichtigt werden, die mit dem Hengst-Sein einhergehen. Hengste sind weitaus mehr als andere Pferde bestrebt, ihren Rang zu verbessern und werden dies auch gegenüber ihrem Menschen immer wieder versuchen. Sie sind leichter abzulenken, vor allem bei Anwesenheit anderer Pferde und meist um einiges spontaner und temperamentvoller als Stuten oder Wallache. Diese Mischung macht eine sorgfältige und konsequente Erziehung unumgänglich, will man nicht irgendwann Besitzer eines der vielen Problemhengste sein. Management, Ausbildung und erzieherische Maßnahmen müssen Hand in Hand gehen und gleichermaßen art-gerecht wie hengst-gerecht gestaltet werden. Dabei kommt den so entscheidenden Jugendjahren besondere Bedeutung zu.

„Pferdeerziehung" oder gar „Hengsterziehung" besteht sicher nicht ausschließlich aus dem Ausmerzen unerwünschter und dem Erlernen erwünschter Verhaltensweisen im Sinne einer Dressur, sondern setzt sich höhere Ziele: Harmonie, Vertrauen, wortlose Kommunikation, gegenseitiger Respekt, Freundschaft. Sie beginnt auch nicht mit dem ersten Lob oder der ersten Strafe, sondern bereits mit der Wahl des passenden Vierbeiners. Die eigenen Wünsche und Fähigkeiten sollten kritisch hinterfragt und bezüglich des zur Auswahl stehenden Tieres überprüft werden. Je unsicherer, unerfahrener oder gar ängstlicher der zukünftige Reiter ist, desto zuverlässiger, kooperativer und freundlicher sollte das zukünftige Pferd sein. Wer ein Pferd wählt, dem er sich gewachsen fühlt, tut damit den ersten Schritt in Richtung einer problemlosen weiteren Erziehung.

Im einzelnen lassen sich bezüglich der Klärung des Dominanzverhältnisses folgende Schwerpunkte ausmachen:

1. Beachten der Individualdistanz des Ranghöheren

Ein rangniedriges Pferd darf sich erstens dem ranghöheren nicht uneingeschränkt nähern und es zweitens beim gemeinsamen Laufen nicht überholen. Der Mensch sollte dies gegenüber seinem Hengst – grundsätzlich natürlich auch gegenüber jedem Pferd – unbedingt konsequent durchsetzen, sich also im Alltag weder überholen, anrempeln noch etwa umrennen lassen. Dies gilt auch und erst recht beim Betreten der Box, des Stalles oder der Weide: Der Ranghohe geht immer voraus! Anknabbern, Anschubsen oder gar Schubbern ist nicht gestattet, Rempeleien sind sofort und unmißverständlich zu ahnden. Auseinandersetzungen zwischen Pferden haben bei Anwesenheit des Chefs – das sind Sie! – zu unterbleiben.

Aus diesem Grund kommt dem korrekten Führen eine so große Bedeutung zu. Üblicherweise gehen Pferde so auf der rechten Seite des Führenden, daß ihre Schulter etwa auf einer Höhe mit ihm oder ihr ist. Diese Position sagt per se nichts über das Rangverhältnis der beiden Beteiligten aus und wird etwa von zwei ranggleichen Pferden oder zwischen rangunterschiedlichen Tieren in entspannten Situationen gezeigt. Überholt das Pferd die Führperson, stellt es deren Rang in Frage, derartiges Voranstürmen ist zu unterbinden. Anders sieht es aus, wenn das Pferd hinter dem Führenden zurückbleibt, da kommt es ganz auf den Kontext an: Läßt sich das liebe Tier am maximal gespannten Führstrick faul hinterherschleifen, sind treibende Hilfen angebracht, oft aber bleiben Pferde besonders nach getaner Arbeit oder in Gefahrensituationen freiwillig zurück und gehen lieber etwas versetzt leicht hinter ihrem vertrauten Menschen. Damit begeben sie sich freiwillig in die Position des rangniedrigen Tieres, das seine Führung dem Chef überläßt.

2. Beachten des Vorrangs bei der Futteraufnahme

Das ranghohe Herdenmitglied hat Vorrang bei der Aufnahme von Futter oder Wasser, was nun aber nicht bedeuten soll, der Mensch müßte auf der Weide oder angesichts der gefüllten Futterkrippe erst einmal kräftig ins Gras beißen, bevor der Hengst zulangen darf. Aber: Aggressives oder auch nur rüpeliges Verhalten seitens des Pferdes bei der Fütterung, der Gabe von Belohnungshappen oder beim Gang auf die Weide ist ein Indiz dafür, daß er den höheren Rang seines Menschen in Frage stellt, es darf nicht gestattet werden. Halten Sie die Futterschüssel in der Hand, herrscht Funkstille, bis der Hengst das Futter deutlich vorgelegt bekommt, Belohnungsleckerli gibt es nur anläßlich besonderer Leistungen und nie infolge einer Bettelei, und wenn der Herr Hengst auf die Weide oder auch nur entlang eines Grasweges geführt wird, darf er nicht einfach am Zügel oder Führstrick reißen und dann in Richtung Grünzeug abtauchen.

3. Stuten sind tabu!

Da nur der ranghöchste Hengst die Stuten seines Harems deckt und mithin viele Hengste nie zum Zug kommen, stellt das konsequente Deckverbot für den Reithengst keine Demütigung oder pferdefeindliche Frustration dar. Anbaggerei in Form von dauerndem Wiehern oder hengstiges Imponiergehabe wird nicht gestattet, gemeinsame Ausritte oder Spaziergänge entlang der Stutenweide sollten problemlos sein. Schwierig wird es da beim Deckhengst: Der soll natürlich eigentlich schon decken, aber eben nur mit unserer Erlaubnis. Daß dies den Hengst in einige Verwirrung stürzt und das Verhältnis zwischen Pferd und Mensch ganz besonders schwierig gestaltet, dürfte klar sein. Einerseits beharrt der Mensch natürlich weiterhin auf seiner Vormachtsstellung, gibt aber andererseits eines der wesentlichen Rechte eines Leittiers an den untergeordneten Hengst ab. Dies kann dazu führen, daß der Hengst nun überhaupt nicht deckt oder aber beträchtliche Aggressionen gegenüber seinen Betreuern entwickelt. Der Freizeitreiter ist deswegen sicher mit einem reinen Reithengst besser dran.

Wer sein Pferd liebt, der lobt, und zwar so oft wie möglich

LOB UND STRAFE

Diese drei Grundsätze müssen immer und überall beachtet und durchgesetzt werden. Rechnen Sie nicht auf den guten Willen Ihres Junghengstes nach dem Motto: Bin ich lieb zu dir, mußt du auch lieb zu mir sein!, so funktioniert kein Pferdehirn. Sie werden das gewünschte Verhalten aktiv einüben und Ihrem Hengst mittels positiver und negativer Verstärkung, sprich Lob und Strafe, beibringen müssen.

Als Ihnen untergeordnetes Herdenmitglied ist Ihr Hengst bestrebt, sich Ihre Zuneigung zu erhalten und empfindet deswegen freundschaftliche Gesten als wohltuend, entspannend und stärkend. Sparen Sie nie mit Lob und beschränken Sie es auf keinen Fall auf gelungene Übungsteile unterm Sattel oder am Boden, sondern suchen Sie aktiv nach Gründen, Ihren Freund zu bestärken und damit zu motivieren.

Lob und Strafe sollten so gestaltet werden, daß sie von einem

Pferd verstanden und eingeordnet werden können, also möglichst den besonderen Verhaltensweisen der Pferde entsprechen. Als Lob werden sanfte, kraulende Berührungen empfunden, vor allem entlang des Mähnenkamms oder an der Brust, im Gesicht oder an der Kruppe. Leise, brummelnde Laute oder auch Lobreden in hoher Stimmlage versteht Ihr Pferd ebenfalls und empfindet sie als beruhigend bzw. aufmunternd. Auch einfaches Stillstehen am hingegebenen Zügel nach einer anstrengenden Übung oder schwierigen Situation hat eine wohltuende Wirkung, ebenso wie ein über den Mähnenkamm gelegter Arm. Die weit verbreitete Praxis, Pferde lobenderweise möglichst kräftig und laut knallend am Hals zu klopfen, dürfte den lieben Tieren dagegen ziemlich spanisch vorkommen, da eine entsprechende Verhaltensweise in Pferdekreisen nicht existiert.

Was nun die Strafe angeht, betritt man ein heißes Pflaster. Sind wir mal ehrlich: Gerade im Umgang mit Hengsten, die weitaus öfter und nachdrücklicher als Stuten oder Wallache den übergeordneten Rang ihres Menschen in Frage stellen, kommt man ohne gelegentliche deutliche Strafen kaum aus. Betrachten wir eine Pferdeherde, läßt sich kaum übersehen, daß es da oft recht hand- und fußgreiflich zugeht. Da wird gekniffen, gebissen, getreten und gejagt. Wer genauer hinsieht, wird aber auch entdecken, daß die weitaus meisten Auseinandersetzungen

Auch zirzensische Übungen wie hier das Knien können die Rangfolge klären

ohne jede Tätlichkeiten verlaufen, sondern allein durch Drohgesten und Imponierverhalten geregelt werden. Große Bedeutung kommt dabei bestimmten Gesten zu, denen oft die Vergrößerung oder

Unterordnung bedeutet nicht Unterwerfung, bedeutet nicht Demütigung und Gewalt

Verkleinerung des Körperprofils zugrunde liegt. Unterlegene zeigen ihre Unterwerfung durch Abwenden, Ducken oder Ausweichen, der Überlegene bekräftigt seinen Rang durch frontales Hinwenden oder Steigen.

Im täglichen Umgang mit unserem Hengst bedienen wir uns, wo dies möglich ist, dieser Mechanismen und halten dabei normale Lernprozesse und Erziehungsfragen sorgfältig auseinander: Wenn die Überlegenheit des menschlichen Betreuers nicht in Frage gestellt wird, wo es also um Korrekturen in Fragen der Ausbildung geht, reichen gut verständliche Signale, die mit allergrößter Konsequenz sofort, unmittelbar, spontan und immer auf dieselbe Art und Weise der unerwünschten Verhaltensweise folgen. Ein deutliches „Nein!“ oder der erhobene Zeigefinger, das leichte Zupfen an Führkette oder Zügel reichen in diesen Fällen aus. Die menschliche Reaktion sollte angemessen, also weder übertrieben noch zu sanft gestaltet werden und von einer Korrektur gefolgt sein.

Anders sieht es aus, wenn die Rangfolge mißachtet wird, wenn also beispielsweise eines der Privilegien des Ranghöheren – das sind in diesem Fall wir – mißachtet wird. Auf Rempeleien, drohendes Heranstürmen und ähnliche Ungezogenheiten – siehe die o. g. drei Grundkomponenten – folgt nicht allein eine Korrektur, sondern auch ein unmißverständlicher Hinweis auf die eigene Dominanz. Dazu eignet sich bei Hengsten vor allem das sofortige, aggressiv verlangte Rückwärtsrichten oder sonstige Ausweichen, auch ein kräftiger Klaps oder Gertenhieb ist nicht immer zu vermeiden. Sie selbst dürfen nie, nie, nie zurückweichen! Aber imponieren dürfen Sie, und wie! Geben Sie tüchtig an, produzieren Sie sich, knallen Sie dem Frechdachs einmal die Longenschlaufen um die Löffel, werfen Sie ihm einen Gegenstand nach, brüllen Sie ihn an! Plustern Sie sich tüchtig auf und verlangen Sie von Ihrem Hengst eine Geste der Unterwerfung, sei es in Form einer angelernten Übung wie etwa dem Kompliment oder Knien, sei es ein Ducken oder Abwenden.

Was aber passiert, wenn Ihre Strafe unangemessen gering, unverständlich oder nicht spontan erfolgt? Sie verunsichern den Hengst lediglich und ermutigen ihn, seine Grenzen weiter auszutesten. Ein Beispiel: Fury tritt ansatzweise nach Ihnen aus, wenn ihm etwas nicht paßt. Er trifft Sie aber nicht und so drohen Sie ihm mehrmals mit wackelndem Zeigefinger und einem vorwurfsvollen „Nanana!“. Erst beim vierten Tritt beschließen Sie, daß es nun aber genug ist, entfernen sich aus der Gefahrenzone, laufen zu Furys Kopf und rucken kräftig am

Gebiß. Auweia! Ihr Hengst wird sehr viel aus dieser Auseinandersetzung lernen, nur nicht das Richtige. Er wird lernen, daß Sie ihm unterlegen sind, daß er seinen höheren Rang ungestraft demonstrieren darf und daß er Sie demnächst zur Ordnung rufen muß, weil Sie ihn verletzt haben.

Anders sieht es aus, wenn Sie schon beim ersten Ausschlagen zu einer Gerte oder besser noch, einem Besen greifen und dem lieben Jungen eins über sein Hinterteil ziehen. Es wird mit einiger Sicherheit in der Zukunft nicht mehr zu derartigen Drohungen kommen, Sie haben Ihren hohen Rang wirkungsvoll unterstrichen, und Ihr Hengst wird sich nicht angewöhnen, daß er die meisten Ihrer Vorhaltungen ruhig ignorieren kann.

Die Kunst besteht darin, es nie zu einem echten Kampf kommen zu lassen, den Sie nicht gewinnen können, und selbst nie die Nerven zu verlieren. Gerade deshalb ist es so wichtig, daß Ihr Verhältnis zu Ihrem Hengst von Anfang an frei von Selbstzweifeln ist, denn nur so können Sie Ihren höheren Rang überzeugend im Alltag leben. Problematisch wird es da, wo der Mensch unterschwellig Angst hat, den Hengst aber durch angelernte Körpersprache oder andere Signale zur Unterordnung bewegen will. Pferde lassen sich diesbezüglich keinen blauen Dunst vormachen, sie durchschauen naßforsches Getue sofort und reagieren – völlig normal – ihrerseits mit Aggression. Hier liegt auch die Gefahr einschlägiger Lehrmethoden, die bei eben diesen Mensch/Tiergespannen gründlich danebengehen.

Generell sollten Sie mit Strafen wesentlich sparsamer umgehen als mit Lob, vor allem dann, wenn es (noch) wenig Grund zum Loben gibt. Belohnen Sie kleine Ansätze, das brave Antreten, ruhige Stillstehen, rücksichtsvolle Verhalten beim Betreten von Stall und Weide, Stillstehen beim Aufsitzen usw.

Lob soll
- **Ihr Pferd bestärken, motivieren und ihm ein Gefühl der Sicherheit verleihen sowie**
- **positive Ansätze durch die sofortige positive Rückmeldung verstärken.**

Strafe soll
- **Ihren überlegenen Rang wirkungsvoll unterstreichen sowie**
- **negative Ansätze durch die sofortige negative Rückmeldung möglichst im Keim ersticken.**

VOM MACHO ZUM GENTLEMAN

Typisch Hengst – oder vielleicht doch nicht?

Die Mehrzahl aller Pferde wechselt nach abgeschlossener Grundausbildung die Hand, ist also zu diesem Zeitpunkt bereits mehr oder weniger er- und ausgewachsen, mit Sicherheit geschlechtsreif, ein- oder angeritten und hoffentlich auch sorgfältig an der Hand ausgebildet worden. Selbst bei gewissenhafter und selbstkritischer Auswahl eines geeigneten Reitpferdes inklusive umfangreicher Ankaufsuntersuchung, mehrmaligen Proberitten in der Bahn und im Gelände und selbstverständlich auch kritischer Beobachtung des allgemeinen Umgangstons seines Zukünftigen (Führen, Putzen, Satteln, Verladen, Beschlagen…) muß sich jeder Reiter darüber im klaren sein, daß er mehr oder weniger die Katze im Sack kauft, denn meist zeigt sich erst nach einigen Wochen, ob die Chemie zwischen Reiter und Pferd wirklich stimmt. Etwaige kleinere Unstimmigkeiten und Kommunikationsprobleme in der Übergangsphase stellen bei einer fundierten Grundausbildung von Pferd und Reiter kein echtes Problem dar und machen die weitere Ausbildung und Erziehung zur erfüllenden Herausforderung für beide Seiten. Wer will schon einen Reitcomputer…?

Anders sieht es bei den sogenannten „Hengstmanieren“ aus: Echte Hengstmanieren stellen eine ernstzunehmende, unmittelbare Gefahr für alle Beteiligten dar. Sei es das provokante Ansteigen, Anrempeln oder gar Angreifen, unkontrollierbares Stürmen beim

Anblick einer Stute, immer wird die Dominanz des Menschen mißachtet oder zumindest auf die Probe gestellt. Was genau aber Hengstmanieren sind und was nicht, worin sie sich von anderen Untugenden unterscheiden, ist weithin unbekannt und führt immer wieder zu groben Verallgemeinerungen und negativen Vorurteilen gegenüber Hengsten.

Erst im Kontext offenbart sich die Ursache für das Steigen: Aggression, Spiel, Rückenschmerzen oder, wie hier, abverlangtes Kunststück?

HENGSTMANIEREN

Bei objektiver Betrachtung zeigt die Mehrzahl aller Pferde unerwünschte Verhaltensweisen, die aber von ihren Besitzern häufig einfach ignoriert, schöngeredet, gar nicht als Unarten erkannt oder erfolglos bekämpft werden. Hengsten allerdings steht diese Toleranz offensichtlich nicht zu, die reiterliche Umgebung fällt beim geringsten Anlaß ganz schnell ein vernichtendes Urteil: Hengstmanieren! Finden Sie sich damit ab: Der Wallach von Herrn X mag temperamentvoll sein, Ihr Hengst dagegen ist unrittig. Die Stute von Frau Y ist gewitzt, Ihr Hengst aber niederträchtig. Das Pony von Sabinchen Z. denkt mit, wo Ihr Hengst einfach nur stur ist. Und so weiter, ad infinitum.

Für alle unerwünschten, tatsächlich oder vermeintlich hengsttypischen Unarten verwendet man das irreführende Wort „Hengstmanieren“ und meint damit die Verhaltenweisen eines Hengstes, die dem Menschen aus unterschiedlichen Gründen nicht in den Kram passen. Gemeinhin wird kein Unterschied zwischen hengsttypischen und anderen Unarten gemacht, aber im engeren und korrekteren Sinn – denn wie gesagt, bloße Ungezogenheit kommt bei allen Geschlechtern vor – bezieht sich dieser Begriff auf ganz bestimmte und potentiell gefährliche Unarten, die sehr wohl typisch für Hengste sind und überwiegend auf ungeklärten Dominanzverhältnissen beruhen, oft aber auch das

Resultat einer pferdefeindlichen Haltungsform sind und sich im Zusammensein mit Menschen und/oder Pferden zeigen können: (An)Steigen und Angreifen, Unkontrollierbarkeit bei Anwesenheit anderer Pferde, Ernstkämpfe ohne Akzeptieren von Unterlegenheitssignalen und andere.

Die Korrektur solcher Verhaltensweisen stellt ein echtes Problem dar: Zum einen ist der durchschnittliche Pferdemensch damit schlichtweg überfordert, zum anderen ist derart verfestigten Angewohnheiten oft nicht beizukommen, und schließlich stellen Problemhengste eine ständige Bedrohung für ihre zwei- und vierbeinige Umwelt dar. Eine etwaige Korrektur sollte immer dann einem vertrauenswürdigen Fachmann überlassen werden, wenn sich der Besitzer damit überfordert fühlt und/oder bereits aktiv angegriffen wurde. Hengstmanieren können derartig außer Kontrolle geraten, daß in besonders schweren Fällen die schnellstmögliche Kastration anzuraten ist, wenn nicht in aussichtslosen Fällen sogar die Schlachtung in Erwägung gezogen werden muß. Dies ist nicht allein Ermessenssache des Besitzers, da auch andere Menschen und Pferde potentiell gefährdet sind.

Um es nochmals ganz klar zu sagen: Echte Hengstmanieren unterscheiden sich von gewöhnlichen Erziehungsdefiziten dadurch, daß sie typischerweise überwiegend bei Hengsten auftreten, ihre Ursache in ungeklärten Dominanzverhältnissen und/oder sozialen Defiziten haben und eine Gefahr darstellen. Sie können, anders als bloße Ungezogenheiten, auf keinen Fall ignoriert werden, es besteht sofortiger Handlungsbedarf.

ANALYSE

Mit einem neuen Pferd erwirbt man immer auch ein paar neue Probleme, denn zumindest in der Übergangszeit treten, auch bei durchaus höflichen und wohlerzogenen Pferden, zumindest einige Kommunikationsprobleme auf, die sich aber im Laufe der Zeit fast von selbst legen. Oft muß man auch feststellen, daß bei Fury gewisse Defizite hinsichtlich Ausbildung und/oder Erziehung bestehen oder man selbst andere Schwerpunkte legen möchte, als dies der Vorbesitzer getan hat.

Vielen Hengst-Neulingen ist zunächst nicht klar, daß der kleine Unterschied einige Besonderheiten im Verhalten mit sich bringt, die den alltäglichen Umgang mit ihrem Pferd problematisch gestalten können. So sind Hengste meist leichter abzulenken, zeigen Antipathien und Sympathien gegenüber Menschen und Artgenossen wesentlich deutlicher und sind eher bestrebt, ihren Rang gegenüber ihrem Betreuer zu verbessern als Stuten und Wallache. Die allgemein als zickig angesehenen Stuten können so manchem Hengst in dieser Beziehung nicht das Wasser reichen! Ein erfahrener, souveräner Ausbilder wird mit diesen Besonderheiten umzugehen wissen, ein Hengst-Laie ist oftmals zunächst überfordert.

Sollten die Unstimmigkeiten im Zusammenleben von Mensch und Hengst über das zu erwartende Maß hinausgehen, ist eine genaue Analyse von Art und möglicher Ursache der Probleme unumgänglich. Diese Analyse soll aber auf keinen Fall in eine Fehlersuche ausarten, sondern auch Raum für Positives lassen. Einzelne Problemkreise müssen in einem zweiten Schritt so gut wie möglich auf ihre Ursachen hin untersucht werden.

Steigen

Das Steigen unterm Sattel oder Ansteigen des Menschen ist ein gutes Bespiel für eine Verhaltensweise, die zu Unrecht als generell aggressiv und hengsttypisch angesehen wird. Zwar entspringt es dem natürlichen Kampfverhalten des Hengstes und wird bei ernsten oder spielerischen Auseinandersetzungen zwischen Hengsten oder Wallachen gezeigt und in gleicher Weise auch provokativ auf den Menschen angewendet, es kann aber auch ganz andere Ursachen haben. In Frage kommen vor allem starke Verspannungen oder Schmerzen im Rückenbereich, die ihre Ursache in reiterlichem Unvermögen oder einem schlecht angepaßten Sattel haben können, und tritt dann natürlich bei Stuten und Wallachen ebenso auf wie bei Hengsten. Auch große Angst des in die Ecke gedrängten Pferdes macht sich in solcher Akrobatik Luft, bloßer Übermut und Aufregung kann ebenfalls zum Steigen führen. Es gilt also, das Steigen in seinem Kontext zu sehen und im Einzelfall zu analysieren, welcher Reiz als Auslöser für dieses Verhalten verantwortlich ist. Handelt es sich tatsächlich um eine zielgerichtete Provokation des Menschen, ist das Steigen in diesem Fall als Hengstmanier zu sehen.

Angreifen

Greifen Hengste bewußt und provokativ Menschen an, so kann dies auf drei möglichen Ursachen beruhen. Zum einen zeigen isoliert aufgewachsene Hengste dieses Verhalten, da sie in Ermangelung von sozialen Kontakten mit Artgenossen den Menschen als Spielkameraden ansehen, oft genug darin bestärkt von unvernünftigen Möchtegernfachleuten, die das steigende

Fohlen soooo niedlich finden. Deckhengste, die ihre Stuten im Weidesprung beglücken dürfen, lassen es oft nicht zu, daß (fremde) Menschen die Weide betreten oder gar Stuten entführen und können

Artgerecht gehaltene und aufgezogene Hengste üben den pferdegemäßen Umgang mit der Aggression tagtäglich

ebenfalls sehr aggressiv reagieren. Muß eine Stute aus der Deckherde genommen werden, sollte deswegen zunächst der Hengst gefangen und kurzzeitig entfernt werden. Schließlich kommt es auch dann zu ernstgemeinten Angriffen des Hengstes, wenn er den Mensch als rangnieder ansieht und sich von ihm provoziert fühlt oder wenn er seinen eigenen Rang verbessern möchte. Nur in den beiden letztgenannten Fällen, also bei Aggressivität des Deckhengstes und des dominanten Hengstes, kann man von Hengstmanieren sprechen, Angriffe isoliert aufgezogener Pferde sind nicht allein auf das männliche Geschlecht beschränkt.

Erziehungs urlaub: Hengstherde in der Sommerfrische

AGGRESSIVITÄT GEGENÜBER ANDEREN PFERDEN

Bei sozial defizitären, sprich nicht artgerecht gehaltenen oder aufgezogenen Pferden, zeigt sich die mangelnde Erfahrung im Umgang mit Artgenossen oft in unmotivierten Angriffen, unabhängig vom Geschlecht des Angreifers oder Angegriffenen. In diesen Fällen lassen die Angreifer oft auch bei deutlichen Unterwerfungsgesten nicht von ihren Opfern ab, da sie die artspezifische Kommunikation weder aktiv noch passiv beherrschen. Ein derartig abweichendes Verhalten ist nicht hengsttypisch, sondern zeigt sich geschlechtsübergreifend.

Hengste, auch solche mit normalem Verhaltenspotential und Nervenkostüm, weisen allerdings teilweise überdurchschnittlich ausgeprägte Antipathien auf, vorwiegend natürlich gegenüber Geschlechtsgenossen und Wallachen – möglichen Konkurrenten um die Gunst der Damen –, manchmal auch gegenüber Stuten. Dies ist eine normale und akzeptable Besonderheit, unmotivierte

Angriffe und fehlende Akzeptanz von Unterlegenheitsgesten in diesem Kontext aber stellen eine echte Verhaltensstörung dar und weisen auf eine verfehlte Aufzucht hin.

UNKONTROLLIERBARKEIT BEI STUTEN

Vorwiegend ein Problem bei Deckhengsten oder Reithengsten mit einschlägiger Erfahrung, steckt auch hinter dem vordergründig hormonbesessenen Hengst in Wirklichkeit oft, aber nicht immer ein dominantes oder zumindest zutiefst verwirrtes Tier. Solange der Mensch nicht als Vorgesetzter anerkannt wurde, ist jede am entfernten Horizont auftauchende Stute ein potentielles Mitglied des Harems und damit Zentrum der Aufmerksamkeit des Hengstes. Hat der Hengst seine Rolle als rangniedriges und damit nicht deckberechtigtes Herdenmitglied akzeptiert, sind Stuten für ihn automatisch tabu. Der in Gegenwart von Stuten unkontrollierbare Hengst zeigt die wohl typischste Form von Hengstmanieren. In manchen Fällen läßt sich allerdings diese übermächtige „Hengstigkeit" nicht durch Dominanzprobleme erklären. Bei diesen, oft selbst sehr unter ihrem Verhalten leidenden Hengsten ist wohl die Kastration die beste Lösung.

LÖSUNGSMÖGLICHKEITEN

Ganz klar: Egal, welche Vorstellung man vom anzustrebenden Gehorsam seines Pferdes hat, ob man ein jederzeit höfliches und freundlich-aufmerksames Pferd bevorzugt oder die kleinen Frechheiten seines Freundes als liebenswerte Eigenart ansehen mag, Hengstmanieren im oben aufgeführten Umfang sind nicht akzeptabel. Sie machen das Zusammenleben von Mensch und Pferd unnötig kompliziert und gefährlich und schaden letzten Endes dem Hengst selbst am meisten.

Doppellongenarbeit mit einem erfahrenen, sensiblen Ausbilder ist Ausbildung und Erziehung zugleich

So weit, so schlecht, aber wie dagegen angehen? Ihre Chancen stehen relativ gut, wenn Ihr Hengst seine schlechten Manieren mitgebracht hat und Sie als erfahrener Pferdemensch mittels Haltungsoptimierung und geeigneten Ausbildungs- und Erziehungsmethoden eine Verbesserung erreichen können. Hat sich Ihr Hengst aber unter Ihrem eigenen Einfluß zum Negativen entwickelt, sieht es weniger günstig aus, da in diesem Fall beide Beteiligten dazulernen müssen. Sind Sie sogar bereits angegriffen oder gar verletzt worden, begeben Sie sich in Gefahr, falls Sie die Korrektur Ihres Pferdes selbst betreiben möchten. Sie sollten sich zusammen mit Ihrem Hengst in die Hände eines erfahrenen Ausbilders begeben.

Als Lösungsansätze kommen neben einer Haltungsoptimierung (siehe nächstes Kapitel) vor allem folgende Schritte in Frage:

ZWEITE JUGEND

Wie wir gesehen haben, übernimmt die Herde die grundlegende Erziehung jedes Pferdes in seiner Jugendzeit. Es ist nun möglich, entsprechende Defizite nachträglich zumindest versuchsweise abzubauen. Dazu wird unser Problemhengst Fury in eine Herde mit anderen, erwachsenen Hengsten verbracht, allerdings bitte nicht von jetzt auf gleich, sondern mit gewissen Vorsichtsmaßnahmen: Beim Umtreiben auf eine frische Weide etwa, wenn die hungrige Gesellschaft nichts als Fressen im Sinn hat und etwaige Auseinandersetzungen erst mal verschiebt, und/oder in Form einer schrittweisen Integration mit erst einem, dann zwei, dann mehreren Artgenossen. Für einige Monate, möglichst über Sommer, hat er nun Gelegenheit, im Zusammensein mit anderen – ihm teilweise sicherlich überlegenen Hengsten und Wallachen – sein Sozialverhalten zu üben und zu bessern. Hat er einmal grundsätzlich gelernt, sich anderen Pferden unterzuordnen, fällt es sicherlich auch leichter, ihm diese Unterordnung auch dem Menschen gegenüber beizubringen. Man muß sich allerdings klar darüber sein, daß diese Einbindung in die Herde ein nicht zu unterschätzendes Verletzungsrisiko mit sich bringt, sowohl für Fury als auch für seine erzieherisch tätigen Kollegen. Für völlig abnormal reagierende Hengste eignet sich dieser Ansatz folgerichtig nicht.

EIN SCHRITT ZURÜCK, ZWEI NACH VORNE

Eingefahrene, schlechte Angewohnheiten lassen sich oft durch einen Überraschungseffekt schnell und effektiv durchbrechen. Viele Ausbilder gehen bewußt in der Ausbildung einige Schritte zurück oder setzen dem Hengst bislang nicht bekannte Ausbildungsmethoden ein, um so einen neuen Anfang für beide Seiten zu ermöglichen. Vor allem die Methoden der Freiheitsdressur, der Bodenarbeit und Massage nach Linda Tellington-Jones und die Arbeit an der Doppellonge eignen sich zur Korrektur von Problempferden, da sie gleichzeitig ausbildend wie erzieherisch einwirken. Ein unter dem Reiter unzugänglicher und unkontrollierbarer Hengst kann durch diese Methoden der Bodenarbeit oft überraschend effektiv und relativ streßfrei korrigiert werden.

VERHALTENSTHERAPIE

Zeigt ein Problemhengst grundsätzlich in ganz bestimmten Situationen dieselben unerwünschten Verhaltensweisen, kann eine Korrektur im Sinne einer Verhaltenstherapie versucht werden. Dabei spielt das Lernen durch Gewöhnung eine große Rolle: Die einzelnen Lernschritte werden so gestaltet, daß im Endeffekt die Reizschwelle für den auslösenden Reiz erhöht wird und das unerwünschte Verhalten somit nicht mehr auftritt. Auch diese Form der Korrektur beinhaltet „einen Schritt zurück“, da sich Pferd und Ausbilder zunächst auf eine Ausbildungsstufe begeben, auf der noch alles in Ordnung ist und von dort aus in kleinen Häppchen das eigentliche Problem angehen.

NOTLÖSUNGEN

Sicher wird sich das unerwünschte Verhalten nicht in jedem Fall ausreichend bessern lassen. Dann fällt die Entscheidung schwer: Haben Sie ganz persönlich Probleme mit Ihrem Hengst, während er bei anderen, vielleicht erfahreneren und entsprechend souveränen Reitern gut zu handhaben ist, sollten Sie sich zu Ihrem eigenen Besten schnell von ihm trennen. Sie werden nicht glücklich mit ihm, er nicht mit Ihnen, und Sie beide haben sicher Besseres verdient.

Echte Hengstmanieren, nicht allgemeine Unerzogenheit, sprechen recht gut auf eine Kastration an. Mit sinkendem Hormonlevel sinkt auch die Aggressivität, allerdings braucht man etwas Geduld, da sich dieser Prozeß über einige Monate hinziehen kann. Dazu mehr im letzten Kapitel.

Auf die Gefahr hin, mir den Unmut vieler Tierfreunde zuzuziehen, weise ich erneut darauf hin, daß meiner Meinung nach wirklich gefährliche Pferde unter Umständen getötet werden müssen. Fragen Sie sich ehrlich: Wieviel Lebensqualität hat eine solche Zeitbombe, die in ständiger Isolation leben muß, nur mit Kette oder Steigergebiß aus der Box geholt werden kann, nicht einmal mit dem menschlichen Betreuer ein Mindestmaß an sozialen Kontakten erlebt?

Kein unrealistisches Wunschdenken, sondern machbar ist die artgerechte Haltung auch für Deckhengste

...HENGSTE HALTEN ABER SEHR

Man kann wohl getrost unterstellen, daß zumindest in der Theorie jeder Pferdehalter – und damit auch jeder Hengsthalter – bestrebt ist, seinem Pferd bestmögliche Lebensbedingungen zu bieten, er also auch eine Haltungsform wählt, die innerhalb der gegebenen Umstände die bereits angesprochenen Bedürfnisse weitestgehend erfüllt.

In der Praxis bietet sich jedoch immer noch ein anderes Bild, denn obwohl in vielen Bereichen des Pferdesports in den letzten Jahren bedeutende Veränderungen hin zum Positiven durchgesetzt wurden, so ist die Hengsthaltung davon unverständlicherweise so gut wie unberührt geblieben. Dabei sorgen pferdegerechte Haltungsformen nicht nur für ein gesundes Nervenkostüm, ein normales Verhaltenspotential und eine robuste Gesundheit der Vierbeiner beiderlei (oder dreierlei) Geschlechts, sondern erleichtern auch dem Halter und Reiter in vielfacher Hinsicht das Leben. Nach wie vor aber fristen überdurchschnittlich viele Hengste ihr Leben in ausbruchssicheren Gitterboxen in völliger Isolation. Konsequent wird jeder Kontakt zu Artgenossen unterbunden und jede Bewegungsmöglichkeit ohne Reiter als viel zu gefährlich abgetan. Hierin, und weniger in mangelnden Erziehungsmaßnahmen, ist die Grundursache der weit verbreiteten Probleme im tagtäglichen Umgang zu sehen. Von Artgenossen isoliert, durch die übliche Arbeit unter dem Sattel nur unzureichend ausgelastet und an Umweltreize kaum gewöhnt, macht sich der solcherart frustrierte Hengst mittels der Unarten Luft, die wir dann naiv als typische Hengstmanieren abtun.

Prinzipiell ist es aber durchaus möglich, auch Hengsten ein weitgehend artgerechtes Leben entsprechend den Erkenntnissen der modernen Forschung zu bieten, auch wenn dies mit einem relativ höheren Aufwand als bei Stuten oder Wallachen verbunden ist und sich dabei oft die Vorurteile des reiterlichen Umfeldes als großes Hindernis erweisen. Die optimale, allgemeingültige Lösung kann es allerdings nicht geben, dazu unterscheiden sich nicht nur die Pferde, sondern auch ihre Menschen, die baulichen und organisatorischen Gegebenheiten und Nuancen der Nutzung und Ausbildung zu sehr voneinander.

Es wäre deswegen sicherlich blauäugig, für jeden Hengst gleichermaßen die große Freiheit zu fordern, das wäre denn doch zu weit an der Realität vorbei gedacht. Statt dessen bieten sich eine ganze Reihe von Haltungsformen an, die für sich betrachtet oder als Zwischenlösung auf dem Weg zu einer langfristig artgerechteren Haltung mögliche und nötige Lernschritte auf Seiten des Hengstes mit sich bringen. Oft ist es nämlich der Hengst selbst, genauer gesagt sind es, unserem Einfluß entzogene, in seinem Vorleben verankerte soziale Defizite, die einer Integration in bestehende Herdengemeinschaften oder auch nur der zeitweisen gemeinsamen Haltung mit einzelnen Artgenossen im Wege stehen. Zumindest solange, bis der Hengst diesen Lernprozeß, soweit möglich und nötig, durch geeignete Maßnahmen seines Besitzers nachholen konnte.

Sozial intelligent oder sozial defizitär? Bei diesen beiden fällt die Anwort sicher nicht schwer!

ZUM BEISPIEL „FURY“

Gehen wir einmal davon aus, wir haben uns einen Reithengst zugelegt – nennen wir ihn „Fury“ – und dieser ist zwar unser ganzer Stolz, weist aber dennoch nicht die für einen Vererber geforderten Qualitäten auf. Fury darf sich deswegen die Damenwelt nur aus der Ferne sehnsüchtig betrachten, ist also kein Deckhengst, denn die Lizenz zum Lieben wird längst nicht jedem Hodenträger erteilt. Dem Hengstbesitzer ist es oft recht so, denn meist sind Hengste ohne Deckerfahrung in der Handhabung und Haltung wesentlich einfacher als ihre einschlägig vorbelasteten Kollegen. Weit von gekränkter Eitelkeit ob der Zurückweisung unseres Vierbeiners entfernt, finden wir uns großherzig mit dieser Tatsache ab und machen uns statt dessen daran, die Weichen für die gemeinsame Zukunft zu stellen.

SAGE MIR, WOHER DU KOMMST...

Der erste Schritt des frischgebackenen Hengsthalters wird nun nicht sein, sich spontan und mit den allerbesten Absichten für eine bestimmte, möglichst artgerechte Haltungsform zu entscheiden und diesen Entschluß auf Biegen und Brechen durchzusetzen, sondern zunächst Licht in das Dunkel von Furys Vergangenheit zu werfen. Entscheidend ist es nämlich zunächst, die sozialen Fähigkeiten seines Pferdes zumindest grob abzuschätzen und damit von Anfang an die momentan vermutlich geeignete Aufstallungsform zu wählen. Wer einen in Isolation aufgewachsenen oder zumindest nach der Aufzucht lange Zeit alleine gehaltenen Hengst beispielsweise frischfröhlich ohne große Umstände in eine Herde integrieren will, sollte eine gute Versicherung abschließen, denn das geht garantiert schief. In diesem Fall geht der Gewöhnung an das Gruppenleben eine schrittweise Lernphase voraus, um das Verletzungsrisiko zu minimieren und eine für alle Beteiligten weitgehend streßfreie Eingewöhnung zu ermöglichen. Soziale Integration, Auseinandersetzung mit der Umwelt und täglicher Aufenthalt im Freien ja, aber bitte in homöopathischen Dosen.

Handelt es sich also bei Fury um einen solchen Hengst, bei dem von gravierenden sozialen Defiziten ausgegangen werden kann, beginnen wir quasi auf Stufe eins der nach oben offenen Artgerechtheitsskala; kommt Fury allerdings direkt aus einer Aufzuchtherde oder wurde er auch im späteren Leben immer in Gesellschaft gehalten, muß der neue Besitzer eigentlich nur für einen fließenden Übergang sorgen und die Eingewöhnung sinnvoll gestalten.

Grundsätzlich beschreitet der frischgebackene Hengsthalter also einen von zwei möglichen Wegen: Seinen bislang wenig pferdegerecht gehaltenen Neuerwerb umzugewöhnen oder den bereits weitgehend artgerecht lebenden Hengst in die neue Gemeinschaft zu integrieren. Wir konzentrieren uns der Einfachheit halber auf die erste Möglichkeit, der bislang artgerecht gehaltene Hengst steigt dann an der passenden Stelle ein.

Sehen wir uns also die allmähliche Einführung einer veränderten Lebensweise mit freier Bewegung, Umwelteinflüssen und der Gesellschaft von Artgenossen einmal im einzelnen genauer an. Die drei Schwerpunkte unseres Mehrstufenplanes – Gewöhnung an freie Bewegung, Umweltreize und die Gesellschaft von Artgenossen – sollten schrittweise und ohne Druck erfolgen und in Tempo und Intensität an die individuellen Bedürfnisse von Mensch und Pferd angepaßt sein.

SCHRITT FÜR SCHRITT

Unser Fury kommt aus der konventionellen Gitterboxenhaltung. Er wurde zwar bislang fleißig longiert und geritten, geht mit seinem Reiter auch problemlos ins Gelände – allerdings alleine – , konnte aber bislang weder Weidegang noch den Auslauf im Schlechtwetterpaddock genießen. Unser erster Schritt sollte nun darin bestehen, ihn streßfrei an den Aufenthalt im Freien zu gewöhnen.

Für den ersten Versuch sollte das Wetter nicht allzu schlecht sein, da sich Fury vermutlich mehr oder weniger aufregen und entsprechend schwitzen wird. Fury wird zunächst wie gewohnt geritten, damit der größte Stallmut schon verdampft und er nicht mit kalter Muskulatur von jetzt auf gleich in die Freiheit entlassen wird. Die unvermeidlichen Bocksprünge und eindrucksvollen Galoppaden samt allen möglichen und unmöglichen Verrenkungen, mit der die neue Freiheit offensichtlich unbedingt gefeiert werden muß, könnten sonst zu ernsthaften Verletzungen führen. Es spricht auch nichts dagegen, zumindest für die Anfangszeit Bandagen oder Gamaschen anzulegen, um die Gefahr selbst beigebrachter Trittverletzungen zu mindern.

Der für diesen Zweck ausgesuchte Paddock oder die Weide ist im Idealfall bereits gut sichtbar und ausreichend hoch eingezäunt, am besten mit einem zusätzlichen stromführenden Abstandshalter, ansonsten holen wir dies schleunigst und vor dem ersten Versuch nach. Als Minimallösung bietet sich ein aus Rohrpaneelen erstellter Kleinstpaddock an, der Fury zumindest einen Freilauf von der Größe einer großzügig bemessenen Box bietet. Fury wird nach dem Ritt versorgt, aufgehalftert und zur Weide geführt. Ein Helfer öffnet und schließt das Koppeltor, Fury wird hereingeführt und absolviert zunächst, vom Halter geführt, eine Pflichtrunde entlang der Begrenzung, um sich mit den Abmessungen und der Einzäunung vertraut zu machen. Auf einer Weide darf er einige Zeit an der Hand grasen, den Sandboden des Paddocks in

Diese beiden kennen sich gut, grundsätzlich aber haben unkontrollierte Hunde auf der Hengstweide nichts zu suchen

aller Ruhe beschnuppern. Ohne großen Aufwand wird der Panikhaken in einem Moment gelöst, wo Fury mit sich beschäftigt ist und dem Führenden zugewandt steht. Dieser entfernt sich ohne

Bei großer Kälte kann man sich ja auch warmspielen, Decken kennen diese beiden nicht

Eile aus der unmittelbaren Gefahrenzone, sprich dem Einzugsbereich der eventuell ausschlagenden Hinderbeine. Mit etwas Glück wird Fury zunächst weiter grasen oder den Auslauf untersuchen, bevor er die ersten Trab- und Galoppversuche unternimmt. Dann ist es aber sehr wahrscheinlich, daß er so richtig „die Sau rausläßt" (Entschuldigung) und eine ganze Zeit nicht zur Ruhe kommt. Aufgeregt, temperamentvoll oder auch ängstlich-verwirrt, wird er in jedem Fall seiner Erregung Luft machen, und das kann eine Weile dauern und ziemlich bedenklich aussehen. Sie sollten nur eingreifen, wenn tatsächlich Gefahr im Verzug ist, sprich Fury offensichtlich völlig durchdreht oder sich als begabtes S-Mächtigkeitsspringpferd erweisen und selbständig den Heimweg antreten möchte. Bei diesen ersten Versuchen sollten Sie sich deswegen von einer Haferschüssel und einem menschlichen Helfer in der Not begleiten lassen. Erweist sich Fury dagegen als cooler Typ und nimmt die ganze Sache gelassen, darf er auf keinen Fall mit der Peitsche, durch Geschrei oder nachgeworfene Gegenstände zu mehr Aktivität angetrieben werden. Ihr Pferd ist im Urlaub, nicht auf der Flucht.

Fury bleibt vorerst ständig unter Aufsicht, damit er nicht selbständig den Heimweg in die gewohnte Box einschlägt und bei allzu wilden Kapriolen notfalls schnell abgelenkt und beruhigt werden kann. Es sollte keine Probleme bereiten, ihn nach einiger Zeit einzufangen, wenn der Zeitpunkt des ersten Versuchs geschickt kurz vor die gewohnte Fütterungszeit gelegt wurde und Fury zuvor kein Kraftfutter erhalten hat.

Schritt eins wäre geschafft, nach einiger Zeit (wenige Wochen bis Monate) ist der tägliche Freigang für Fury vermutlich zur Selbstverständlichkeit geworden. Auch unterschiedliche Witterungsbedingungen verkraftet er bald gut, da sich sein Temperaturregulationssystem den veränderten Bedingungen angepaßt hat und wir ihn schlauerweise nicht beim geringsten Lüftchen oder drohenden Wölkchen in die sichere Box verfrachtet haben.

Der zweite Schwerpunkt, die Gewöhnung an Umweltreize wie Geräusche, Bewegungen in der Ferne, Temperaturunterschiede, Niederschläge und dergleichen mehr, stellt sich im Laufe der Zeit eigentlich von selbst ein. Der Besitzer kann diesen Prozeß vertiefen oder beschleunigen, indem er oder sie bewußt darauf verzichtet, Fury allzusehr in Watte zu packen. Sprich: Weder wird er bei jedem

Vorgestreckte Ohren, interessierte Gesichter: Man ist sich sympathisch

Außenboxen: Bei uns selten zu sehende, im Ausland übliche Aufstallungsform für Hengste

kühlen Windhauch in dicke Decken gehüllt noch werden sämtliche Stallkollegen angewiesen, zu Pferd oder im Auto/Traktor, auf dem Moped/Motorrad, mit Inlineskatern oder ähnlich lärmerzeugendem Gerät Furys Weide in großem Bogen zu meiden. Eingedeckt wird er sowieso nur, wenn er in der naßkalten Jahreszeit zum ersten Mal frische Luft schnappen darf; beginnt man im Sommer mit dem täglichen Freigang, paßt sich jedes Pferd an die Witterungsbedingungen an und kann selbst im Herbst und Winter oft hüllenlos in die Freiheit entlassen werden.

Der dritte Schritt, die Gewöhnung an Pferdegesellschaft, ist sicherlich aufwendiger und für den Halter eines bislang isoliert gehaltenen Hengstes mit etwas Nervenflattern verbunden. Dieser Schritt wird sich nicht bei jedem Hengst durchführen lassen, bei manchem sprechen gravierende soziale Defizite und ein überdurchschnittlich aggressives Temperament sicher gegen einen Versuch.

Da Fury kein Deckhengst ist, kommen Stuten als Gefährten kaum in Frage, es sei denn, die sich unvermeidlich einstellenden papierlosen Fohlen können problemlos untergebracht werden. Das will aber gut überlegt sein, denn der Markt für Reitpferde ist in den letzten Jahren nahezu zusammengebrochen, so daß rasselose Pferde oder solche ohne offizielle Papiere weitaus häufiger im Schlachthaus als in guten Händen landen. Also keine Stute(n), sondern Wallache und/oder andere Hengste werden Fury in Zukunft Gesellschaft leisten.

Vielleicht hat ein Stallkamerad Interesse an einer Weidegemeinschaft, oder der Geldbeutel gibt noch genug Bares für den Erwerb eines Beistellpferdes her. Wallache sind sicher relativ leicht, Hengste in manchen Fällen überhaupt nicht nachträglich an die Gesellschaft von Geschlechtsgenossen zu gewöhnen. Unser Wunsch-Wallach ist noch jung genug, um Lauf- und Raufspiele mitzumachen, eher früh als spät gelegt und darf ruhig ein recht rangniedriger Kollege sein, der für den einen eher hohen Rang beanspruchenden Herrn Hengst keine echte Konkurrenz darstellt und deswegen als harmloser Spielkamerad angesehen werden kann. Der Kontakt sollte zunächst auf sichere Entfernung hergestellt werden, etwa durch die Zuteilung benachbarter Boxen und Weidegang auf angrenzenden Weiden, aber auch gemeinsame Ausritte oder kontrollierte Nähe beim Putzen und Satteln. Sympathie und Antipathie zeigen sich recht schnell und sollten vom Hengsthalter unbedingt akzeptiert werden.

Für den ersten gemeinsamen Aufenthalt im Freien gelten ähnliche Vorsichtsmaßnahmen wie bei der bereits überstandenen Freiluftpremiere. Es empfielt sich, die beiden zukünftigen Freunde etwas hungern zu lassen und ihnen dann Weidegang auf einer noch gut bewachsenen Weide oder aber einen mit Heu bestückten Paddock anzubieten. Wer Kohldampf schiebt, rauft weniger. Mögen sich die beiden und halten sich die unvermeidlichen und gutartigen Raufereien in einem erträglichen Rahmen – einzelne Macken und Schmarren sind wie bei fußballspielenden Kindern völlig normal – steht einem täglichen gemeinsamen Freigang fortan nichts mehr im Weg.

Diese beiden Möglichkeiten – der tägliche Freigang des ansonsten in einer konventionellen Box gehaltenen Hengstes alleine oder aber in Gesellschaft eines einzelnen Artgenossen – ist in den meisten Fällen wohl ein recht zufriedenstellender Kompromiß in Sachen Haltung, mit ein wenig Aufwand lassen sich weitere Verbesserungen einführen.

HELLER, LUFTIGER, INTERESSANTER

Den in Deutschland üblichen Gitterboxen sind Außenboxen vorzuziehen, die durch ein Fenster oder eine oben offene Halbtür nicht nur das Kleinklima der Box ganz entscheidend verbessern, sondern auch eine aktive Teilnahme am Stallgeschehen ermöglichen. Es ist nicht nur völlig überflüssig, sondern erwiesenermaßen sogar ausgesprochen schädlich, bei kaltem Wetter die Läden zu schließen und den armen Vierbeiner noch in dicke Decken einzupacken, damit er nur ja gut im eigenen Saft ziehen kann. Ob die Öffnung durch Querrohre oder Gitter gesichert werden muß, hängt vom Temperament und der Erziehung des individuellen Pferdes ab, in vielen Ländern ist es aber durchaus üblich und problemlos möglich, alle (Deck-) Hengste Seite an Seite in unvergitterten Außenboxen zu halten. Alles eine Sache der Erfahrung.

Lassen die baulichen Gegebenheiten Fensterdurchbrüche oder die nachträgliche Einrichtung von Außentüren nicht zu, besteht eine weitere Möglichkeit darin, die Boxentür über Tag ganz zu öffnen und durch zwei vorgehakte Ketten oder ein Netz zu sichern. So können alle Pferde die Köpfe in die Stallgasse hängen und sich interessiert ihre Kollegen und Kolleginnen betrachten. Bei sehr engen Stallgassen wird allerdings auch dies nicht möglich sein und anstatt Ihren Fury dann doch in eine rundum vergitterte Box aufzustallen, hilft: Umziehen!

Die Aufstallung in der solchermaßen aufgewerteten Box, ergänzt durch täglichen Freilauf in Begleitung, stellt eine von mehreren

Lösungen und sicherlich die für die meisten konventionellen Ställe am besten verwirklichbare dar. Daneben bieten sich weitere Varianten an, die eine weitaus artgerechtere Haltung ermöglichen.

Offene Haltung statt geschlossener Gesellschaft

Offenstallhaltung und Weidegang sind in Ponykreisen auch für Hengste üblich

Die Offenstallhaltung stellt erwiesenermaßen den bestmöglichen Kompromiß zwischen den Bedürfnissen des Pferdes einerseits und seiner Nutzung durch den Menschen andererseits dar. Bei dieser Haltungsform wählen die Pferde der Herdengemeinschaft ihren Aufenthaltsort selbständig, der mehrtürige oder einseitig offene Stall ist jederzeit zugänglich. Dem Gebäude ist ein befestigter oder drainierter Auslauf angeschlossen, der auch bei schlechtem Wetter nicht zum Moorbad wird. Schlaf- und Liegeplätze sowie Futterraufen oder -stände sind im Stall untergebracht. Bei einem Bewegungsstall sind die verschiedenen Funktionsbereiche (Wasser, Rauhfutterplatz, Kraftfutterkrippen, Liegeflächen, Spielelemente) zudem sinnvoll so angeordnet, daß jedes Pferd auf dem Weg von und zu diesen täglich mehrere Kilometer zurücklegt. Nachdem immer wieder verdreckte Ponys auf ungeschützten, verschlammten Ausläufen die Offenstall- oder Robusthaltung in Verruf gebracht hatten und vielfach von Großpferdebesitzern eine steigende Verletzungshäufigkeit, Dauerhusten und Verlust an Ausstrahlung befürchtet worden waren, sind inzwischen sogar Sportpferdebesitzer ganz bewußt zu dieser Haltungsform übergegangen. Sie haben erkannt, daß sich Pferde aller Rassen nach einer gewissen Eingewöhnungszeit problemlos im Offenstall halten lassen und diese im Vergleich zu ihren in Boxen stehenden Kollegen gesünder, aus-

geglichener und dauerhaft belastbarer sind.

Es spricht grundsätzlich nichts dagegen, auch Hengste in dieser Form aufzustallen, solange die Offenstallherde eine reine Männergesellschaft ist und über eine wirklich stabile Einzäunung verfügt. Die Integration in bestehende Herden verläuft schrittweise, indem, wie bereits beschrieben, zunächst jedes Pferd einzeln Bekanntschaft mit dem Neuling schließen darf und die Einbindung in die Herde zu einem günstigen Zeitpunkt, sprich Fütterungszeit oder Umstellen auf eine frische Weide, vorgenommen wird. Das späte Frühjahr bietet sich sicherlich besonders an, da nun Fury einen ganzen Sommer Zeit hat, sich an Witterungseinflüsse und das Leben in der Gemeinschaft zu gewöhnen, bevor mit dem Herbst und Winter extreme Temperaturen und beengtere Verhältnisse einziehen.

Grundsätzlich sind – und dies gilt nicht allein für die Hengsthaltung, sondern für alle Herdengemeinschaften – die Gruppen auf einem ausreichend großen, möglichst abwechlungsreich gestalteten Areal zu halten. Tote Winkel, die verfolgten Pferden jede Fluchtmöglichkeit nehmen, sind flach abzuzäunen. Selbst relativ ernsthafte Auseinandersetzungen enden so ohne größere Verletzungen, da sich der Unterlegene den Verfolgungen seines Gegners durch die Flucht entziehen kann. Langgestreckte Weiden oder Paddocks, die zusätzlich durch Bachläufe,

Einzeln und doch nicht allein ist der Hengst in einer Offenbox

Hecken, einzelne Zaunelemente oder Steinhaufen strukturiert sind, laden zu Laufspielen ein und ermöglichen eine effektive Flucht.

Theoretisch ist zwar die gemeinsame Haltung mehrerer geschlechtsreifer Hengste denkbar und wird auf einigen Gestüten sogar nicht allein innerhalb der Aufzuchtherden, sondern auch mit erwachsenen Deckhengsten außerhalb der Decksaison erfolgreich praktiziert, trotzdem dürften Stallgemeinschaften von einem Hengst mit einem oder mehreren Wallachen üblicher und praktikabler sein.

ALTERNATIVEN

Die Haltung in Offenboxen liegt irgendwo zwischen der echten

Offenstallhaltung (die auch Gruppenauslaufhaltung genannt wird) und der Boxenhaltung und verbindet Vorteile und Nachteile beider Formen. Jeder Box ist ein ständig zugänglicher Kleinstauslauf angeschlossen, das Pferd kann so seinen Aufenthaltsort frei wählen, bewegt sich weit mehr als in der Box und ist Umweltreizen ausgesetzt, allerdings alleine. Diese Aufstallung eignet sich ganz besonders für Hengste und ist der üblichen Boxenhaltung in jedem Fall vorzuziehen, vor allem wenn Fury zusätzlich noch täglich auf der Weide oder im Paddock mit Artgenossen zusammenkommt.

Aufzuchtherden werden in großen Betrieben während des Winters oft in Laufställen gehalten, dies sind Ställe ohne weitere Unterteilung, in denen die Herden zwar unter Dach, aber doch in der Gemeinschaft gehalten werden. Wer die Nachteile eines Offenstalls – naßgeregnete Pferde, Winterfelle in Pelzmantelqualität u.s.w. – scheut, für den wäre die Laufstallhaltung zumindest theoretisch eine machbare Alternative. Wegen der beengteren Verhältnisse kommt sie allerdings nur für ausgesprochen friedliche, gutmütige Pferde und sehr homogene Gruppen in Frage, da die fehlende Fluchtmöglichkeit sonst zu ernsthaften Problemen führen könnte. Alte Kuhställe sind oft zu niedrig und bringen ein hohes Verletzungsrisiko beim Steigen während harmloser Rangeleien mit sich, auch sind sie häufig feucht und muffig, da der Luftraum entsprechend gering ist. Maschinenschuppen oder Scheunen sind wohl eher geeignet und mit geringem finanziellem Aufwand umzubauen.

Spezialfall Deckhengst

Soweit zu den Reithengsten. Handelt es sich bei Fury um einen Hengst mit Prädikat, also einen Vererber, kann er außerhalb der Decksaison zusammen mit einer – gedeckten – Stute oder einem Wallach in einem kleinen Offenstall, in einer Offenbox oder in einer durch Freigang ergänzten Box gehalten werden. Dabei ist zu beachten, daß erfahrene Deckhengste eher dazu neigen, auf der Suche nach Stuten auszubüxen und dabei auch vor massiven Zäunen nicht unbedingt haltmachen, und außerdem im Umgang mit Mensch und Tier häufig leichter aggressiv reagieren. In manchen Fällen ist es deshalb zweckdienlich, einen solchen rabiaten Vertreter nicht mit einem einzigen Artgenossen, sondern in einer ganzen Herde zu halten. Die Gruppe wirkt oft erzieherisch auf ihn ein, während ein einzelner Kollege arg unter ständiger Verfolgung zu leiden hätte.

Während die Gewöhnung an freie Bewegung und Umwelteinflüsse an sich unproblematisch ist, kann das Zusammenleben mit einem oder gar mehreren Artgenossen in der Gewöhnungsphase zeitweise schwierig, für manche Hengste gar gänzlich undurchführbar sein. Sei es das sensible Nervenkostüm des einen, nicht wiedergutzumachende Versäumnisse in der sozialen Erziehung des anderen Pferdes, erzwingen läßt sich Derartiges nicht.

Wo keine der oben angeführten Möglichkeiten zu verwirklichen ist, Fury also dauerhaft und ohne Freigang in einer Gitterbox gehalten werden müßte, sollte der Stall gewechselt werden. Wer es ablehnt, seinem Pferd ein Mindestmaß an Wohlbefinden zu ermöglichen, kann ja auf Mountainbikes umsteigen.

ÜBERSICHT ANNEHMBARER HALTUNGSFORMEN

Gitterbox
– mit Freigang allein oder zeitweise in Gesellschaft

Außenbox/Fensterbox
– mit Freigang allein oder zeitweise in Gesellschaft

Offenbox
– zusätzlicher Freigang zeitweise nicht zwingend, aber erwünscht allein oder in Gesellschaft

Offenstall
– ständiger Freigang in Gesellschaft

Laufstall
– ständiger Freigang in Gesellschaft

BERUF UND BERUFUNG

Das eigene Pferd ist natürlich grundsätzlich das beste, schönste, begabteste oder netteste, das ist sicher gut und richtig so. Wer aber einen Deckhengst sein eigen nennen will, muß diese rosarote Brille absetzen und sein Pferd mit objektiven Augen beurteilen und beurteilen lassen. Bei der Auswahl männlicher Vererber dürfen persönliche Vorlieben keine Rolle spielen, sie erfolgt nach standardisierten, oft genug auch meßbaren, Kriterien. Entscheidend ist die Bedeutung der Eigenschaften des Deckhengstes für die Zucht der gesamten Rasse, der Zuchtwert. Informationen über den wahrscheinlichen Zuchtwert eines Individuums können auf verschiedenen Wegen erlangt werden, und dabei wird nicht nur Fury selbst, sondern unter Umständen auch seine nähere und fernere Verwandtschaft auf Herz und Nieren oder besser, auf Gebäude, Gangwerk und Gemüt geprüft.

EIGENLEISTUNG

Hier ist es das Pferd selbst, das beurteilt wird, sicherlich die einfachste Methode der Zuchtwertschätzung. Eigenschaften wie Gebäude, Gangwerk, Rittigkeit und

Ein Pferd wie ein Baum und der ganze Stolz der Züchterin ist ganz offensichtlich Isländerhengst „Hervar“

Charakter werden mit den vorgegebenen Rassestandards verglichen und eingeordnet. Idealerweise sind Zuchttiere geeignet, das Niveau der Rasse auf lange Sicht anzuheben,

Hübsch ist er ja, aber entspricht er auch dem Zuchtziel?

sie sollten hinsichtlich ihrer Eigenschaften insgesamt also zumindest über dem Durchschnitt liegen.

ELTERN

Die Leistung der Eltern läßt gewisse Rückschlüsse auf die Qualität des zukünftigen Vererbers zu, ist aber keine Garantie. Natürlich wird ein Nachkomme leistungsstarker Eltern mit größerer Wahrscheinlichkeit ebenfalls von hoher Qualität sein als ein Sohn durchschnittlicher oder gar unterdurchschnittlicher Vorfahren.

NACHKOMMENLEISTUNG

In manchen Fällen wird einem jungen Hengst aufgrund seiner guten Eigenleistung zunächst eine vorläufige Deckerlaubnis erteilt, bis seine ersten Fohlen beurteilt werden können. Die Nachkommenleistung entscheidet dann darüber, ob er weiter eingesetzt werden darf. Sie zeigt, mit wie hoher

Nur gut halfterführige Jungpferde entwickeln beim Vortraben Schwung und Aktion

Wahrscheinlichkeit die positiven Eigenschaften des Hengstes vererbt werden können und ist geeignet, verdeckte Fehler wie etwa genetische Defekte aufzuzeigen.

GESCHWISTERLEISTUNG

Ein Pferd, dessen Voll- oder Halbgeschwister dem Zuchtziel in hohem Maß entsprechen, wird mit großer Wahrscheinlichkeit ebenfalls Träger der gewünschten Eigenschaften sein. Bei der Wahl zukünftiger Deckhengste sollte man deswegen auch immer einen Blick auf die Nachkommen derselben Elterntiere werfen.

HERITABILITÄT

Abstammung, Eigen-, Nachkommen- und Geschwisterleistungen zusammen lassen eine recht gute Aussage über die Qualität eines Zuchttieres zu. Je mehr Informationen sich zusammentragen lassen, desto genauer wird die Aussage. Natürlich spielt es auch ein große Rolle, ob und in welchem Ausmaß eine Eigenschaft ererbt oder erworben wurde, denken wir nur an den Charakter oder die Rittigkeit eines Pferdes, die sicher auch entscheidend von der Aufzucht und Ausbildung geprägt werden. In diesem Zusammenhang spricht man von der Heritabilität, das heißt die genetische Grundlage und damit Vererbbarkeit eines Merkmals.

PRAXIS DER ZUCHTAUSWAHL

Zuchtpferde werden in den verschiedenen Rasseverbänden mit unterschiedlichen Methoden und Schwerpunkten ausgewählt und in den Zuchtbüchern geführt. Die Hengstbuchanerkennung oder Körung wird heute von den Zuchtverbänden selbst durchgeführt, eine staatliche Reglementierung wie noch vor wenigen Jahren gibt es nicht mehr. Die Art und Weise des Auswahlverfahrens und die Gewichtung einzelner Eigenschaften liegen also einzig und allein in den Händen der Rasseverbände, und diese verfahren meist, aber nicht immer zum Vorteil der Qualität der gezüchteten Pferde. Vor allem die Praxis, eine Prüfung der Reiteigenschaften zukünftiger Vererber nicht zwingend vorzuschreiben oder an Stuten grundsätzlich wesentlich anspruchslosere Maßstäbe anzulegen, hat in der Vergangenheit verschiedentlich zu Fehlentwicklungen geführt.

Grundsätzlich spielen die Abstammung, die Exterieurbeurteilung und die Leistungsbeurteilung mit unterschiedlicher Gewichtung eine Rolle. Eintragungsbestimmungen, Auswahlverfahren und -kriterien sowie die generelle Verfahrensweise werden jedoch von Verband zu Verband ganz unterschiedlich gehandhabt und können deswegen nicht detailliert aufgeführt werden, die für Hengsthalter relevanten Informationen können bei den entsprechenden Rasseverbänden eingeholt werden.

ABSTAMMUNG

Das Prinzip der Reinzucht verlangt, daß alle Vorfahren bis zu einem bestimmten Zeitpunkt der betreffenden Rasse angehörten oder als fremdrassige Veredler zur Zucht zugelassen waren. Vor jede Beurteilung haben die Funktionäre deswegen eine Überprüfung der Abstammung gesetzt und in ihren Zuchtordnungen genau festgelegt, welche Bedingungen ein Kandidat erfüllen muß. Bei Islandpferden beispielsweise muß die Abstammung lückenlos bis ins Ursprungsland zurückverfolgt werden können, für andere, ursprünglich nicht in Deutschland beheimatete Rassen gilt Entsprechendes. Fremdrassige Pferde werden gezielt und nur mit Erlaubnis eingesetzt, um bestimmte erwünsche Eigenschaften in eine Rasse einzubringen oder die Gefahr einer Inzucht bei kleinen Zuchtpopulationen zu minimieren.

Die Identifizierung der Pferde erfolgt heute nicht mehr allein anhand äußerer Merkmale wie Geschlecht, Farbe, Abzeichen und Wirbeln, sondern kann durch eine blutgruppenserologische Abstammungsüberprüfung im Zweifelsfall verifiziert werden. Für eine dauerhafte Kennzeichnung bietet sich statt der lange Zeit üblichen Markierung durch Heißbrände die Mikrochiptechnik an: Informationen wie etwa die Lebensnummern werden auf winzigen Chips gespeichert, über eine spezielle Injektionsnadel dauerhaft implantiert und im Bedarfsfalle mittels Transponder abgelesen.

EXTERIEURBEURTEILUNG

Nach der Feststellung der Reinrassigkeit im Sinne des jeweiligen Zuchtverbandes werden die Kandidaten im Hinblick auf das Zuchtziel beurteilt. Alle Zuchtverbände formulieren in ihren Zuchtbuchordnungen ein Zuchtziel, bestehend aus einer Beschreibung des Rassetyps, des Exterieurs und hoffentlich auch der Reit- oder anderen nutzungsspezifischen Eigenschaften.

Die Beurteilung des Gebäudes besteht zum einen aus der Messung von Stockmaß, Bandmaß und Röhrbeinumfang, wichtiger und schwieriger objektiv zu erfassen sind weitere Kriterien wie Rasse- und Geschlechtstyp, Harmonie der Proportionen, Korrektheit des Ganges oder Entwicklungszustand.

Bei den Isländern finden nur gute Reitpferde Gnade vor den Augen einer Richterkommission, wie hier der unvergessene „Mergur“

Damit sich die zukünftigen Vererber auch wirkungsvoll und ihren Qualitäten entsprechend präsentieren können, sind gewisse Vorbereitungen unumgänglich. Sie sollten gut in Schritt und Trab halfterführig sein, ruhig stehen können und sich überall anfassen lassen. Manche Verbände geben den Züchtern Gelegenheit, ihre Pferde freilaufend zu präsentieren, besonders Jungpferde entwickeln dabei meist mehr Schwung und Elastizität als beim noch ungewohnten Vortraben an der Hand. Ein optimaler Pflege- und Fütterungszustand sollte selbstverständlich sein, nimmt aber teilweise schon groteske Formen an. Immer früher und intensiver werden Junghengste auf die Sichtungstermine vorbereitet,

Rühr'-mich-nicht-an oder Pferd für Jedermann? Andalusierhengste sind der Traum vieler Anhänger der spanischen Reitweise

immer kürzer wird die so notwendige, unbeschwerte Kinderzeit. Als hauptberuflicher Züchter wird man sich dem ganzen Unsinn allein aus finanziellen Gründen nur schwer entziehen können, aber gerade der Hobbyzüchter, der Halter eines einzigen Deckhengstes, der nicht von den Deckgebühren leben muß, kann und sollte vehement gegen diese und andere Auswüchse angehen.

Findet der Hengst Gnade vor den Augen der Gestrengen, erhält er mit dem Urteil „gekört" eine Deckerlaubnis und darf sich fortan munter fortpflanzen. Allerdings schreiben viele Zuchtverbände vor, daß sich der Hengst bis zu einem bestimmten Zeitpunkt einer weiteren Prüfung unterzieht, in der seine Qualitäten als Reitpferd unter die Lupe genommen werden, er muß sich also einer Eigenleistungsprüfung unterziehen.

Er muß nichts mehr beweisen, mit seinen neunzehn Jahren ist „Caraway" der erfolgreichste Connemarahengst Deutschlands

LEISTUNGSPRÜFUNGEN

Die bekannteste, weil von vielen Zuchtverbänden zwingend vorgeschriebene Prüfung, ist der Stationstest. Für einen je nach Rasse unterschiedlich langen Zeitraum werden alle zu beurteilenden Hengste gemeinsam auf einer zentralen Station aufgestallt, dort trainiert und anschließend getestet. Sowohl die Vorbereitungszeit als auch die eigentlichen Prüfungsergebnisse fließen in die Bewertung ein, denn nicht allein die im Dressurviereck oder der Geländeprüfung inklusive Springen gezeigten Leistungen, sondern auch Eigenschaften wie Rittigkeit, Charakter und Leistungsbereitschaft werden beurteilt. Diese Form der Prüfung ist nicht unumstritten. Vielen Züchtern fällt es naturgemäß schwer, ihre hoffnungsvollen Jünglinge für lange Zeit in fremde Hände zu geben, zumal es in der Vergangenheit oft genug Anlaß zu Zweifeln an der Eignung und Sorgfalt mancher Ausbilder gab.

Andere Zuchtverbände, andere Sitten: Isländer beispielsweise stellen sich anläßlich einer Materialprüfung für gerittene Islandpferde nach den Richtlinien der FEIF (Internationale Islandpferdevereinigung) einem Richtergremium vor, das sowohl ihr Gebäude als auch ihre Präsentation unter dem Reiter beurteilt. Ein Reiter-Richter hat außerdem die Aufgabe, jedes der Pferde anschließend selbst unter den Sattel zu nehmen und hinsichtlich seiner Reiteigenschaften zu bewerten. Andere Zuchtverbände wie etwa der Verband der Züchter des Arabischen Pferdes e.V. überlassen dem Züchter Arabischer Vollblüter die Entscheidung für und wider eine Leistungsprüfung, eine zumindest zweifelhafte Praxis und sicher wenig geeignet, die Reiteigenschaften einer Rasse zu konsolidieren oder optimieren.

Außer dem erwähnten Stationstest und speziellen Zuchtschauen bestehen weitere Möglichkeiten einer Leistungsprüfung in Form der Anerkennung von Turniererfolgen, Rennerfolgen oder in der Wertung absolvierte Distanzritte.

Verantwortung statt Vermehrung

Pferdezucht bedeutet Denken in Generationen, bedeutet Verantwortung nicht nur gegenüber zukünftigen Pferdepopulationen, sondern auch deren Käufern. Der Hobbyzüchter unterliegt den mit der Zucht und dem Verkauf von Pferden verbundenen finanziellen und organisatorischen Zwängen sicherlich nicht in demselben Ausmaß wie der professionelle Züchter, der damit seinen Lebensunterhalt verdienen muß. Man kann ihm deswegen mit Fug und Recht zumuten, den eventuellen Einsatz seines Hengstes als Vatertier gut zu überdenken und womöglich auf freiwilliger Basis über die oft recht mageren Anforderungen einzelner Zuchtverbände an Vererber hinauszugehen.

PLATZHIRSCH ODER ALLTAGS-PFERD?

Der Hengst, das unbekannte Wesen, flößt selbst gestandenen Reitern Respekt und Ehrfurcht ein, und die vielen unerzogenen oder asozialen Hengste tun das ihre dazu, durch unmotivierte Angriffe und Aggressionen gegenüber Mensch und Tier diese Vorurteile zu festigen.

Hengste werden deswegen nach wie vor sowohl daheim im Reitstall als auch in der Öffentlichkeit selten, und wenn überhaupt, sicher in vielen Fällen nicht gerne gesehen. Wie Löwen im Zoo werden sie allenfalls aus der Ferne bewundert, sie sind zu exotisch, zu fremd und wild, von einer Aura der Unberührbarkeit umgeben, um in die Gemeinschaft integriert zu werden. Nimmt man ihnen aber etwas von diesem größtenteils unverdient schlechten Ruf und zwiespältigen Mythos und gesteht ihnen mehr Pferd-Sein zu, wird aus dem hodentragenden Schreckgespenst eine Bereicherung für jeden Stall, jedes Turnier.

Dasselbe gilt für ihre Besitzer: Einerseits liegt für sie, wie für andere Reiter auch, das Glück der Erde auf dem Rücken ihrer Pferde, sie suchen mit und durch das Pferd Entspannung, Erfüllung, Freude und Bestätigung. Und auch sie teilen ihr Glück gerne, sie reiten in der Halle, der Außenbahn, im Gelände in der Gruppe, sie besuchen Turniere oder Showveranstaltungen und mischen sich dort unters gewöhnliche, mit Wallachen oder Stuten berittene Volk. Trotzdem werden sie samt Hengst auf vielen Veranstaltungen gemieden wie die Pest.

Das muß nicht sein: Auf Islandpferde- oder Westernturnieren beispielsweise sind teilnehmende Hengste, anders als auf den meisten konventionellen Turnieren, durchaus keine Seltenheit. Oft tummeln sich mehrere zur gleichen Zeit auf dem Abreiteplatz, der Ovalbahn oder in der Pleasureprüfung. Auch auf vielen Showvorführungen barocker Pferde wimmelt es nur so von Hengsten; die ganz besondere Atmosphäre derartiger Veranstaltungen wäre ohne das Hengst-Sein der teilnehmenden Vierbeiner geradezu undenkbar. Hochkarätige Zirkusnummern, Quadrille- und Hohe-Schule-Vorführungen international bekannter Reitinstitute, wie etwa der Wiener Hofreitschule oder des Reitinstituts von Egon v. Neindorff, sind sicher nicht rein

Bei abgeschlossener Basisausbildung stellen gelegentliche Aussetzer kein wirkliches Problem dar

zufällig fast ausschließlich mit Hengsten besetzt. Und das geht gut, fast immer jedenfalls.

Die Selbstverständlichkeit, mit der sich diese Hengste im größten Getümmel entspannt und konzentriert in Anwesenheit von Stuten, Wallachen und anderen Hengsten reiten und vorstellen lassen, ist keine Zauberei und kein Anzeichen eines fundamental anderen Nervenkostüms von Ponyrassen, Barocken oder Westernpferden, sondern überwiegend das Resultat artgerechter Aufzucht und Haltung und konsequenter Erziehung. Auch hier steckt ein Lernprozeß dahinter, der den Hengst Schritt für Schritt an seine Aufgaben heranführt. Vor allem aber verfügen diese Teilbereiche der Reiterei über eine Tradition, die immer schon den Hengst in den reiterlichen Alltag einband. So ist es kein Zufall, daß in bestimmten Fällen der Hengst und nicht etwa die Stute oder der Wallach das Wunschpferd ambitionierter Reiter ist, denn wer es versteht, hengsttypische Eigenschaften in die richtigen Bahnen zu lenken und für sich einzuspannen, wird belohnt. Wo Ausstrahlung, Glanz und Faszination mehr zählen als unbedingte Präzision und Disziplin, ist der Hengst oft das Pferd der Wahl.

BASISAUSBILDUNG

Gleichgültig, ob Sie ihren Hengst in Gesellschaft anderer Pferde in der Halle, Bahn oder im Gelände bewegen oder ihn öffentlich im Rahmen einer Veranstaltung präsentieren wollen, müssen Sie sich Ihrer Verantwortung gegenüber Mensch und Tier dauernd bewußt sein. Ein ungezogener Hengst gefährdet nicht nur Sie, sich selbst sowie alle anderen Anwesenden und macht eine konzentrierte Arbeit unmöglich, sondern trägt auch zu weiteren Vorurteilen Hengsten im allgemeinen gegenüber bei. Auf welcher Ebene auch immer Sie Ihren Hengst deswegen in Gesellschaft bewegen, ob beim Ausritt in der Freizeit oder auf einer hochkarätigen Turnierveranstaltung – nur ein gut ausgebildeter, gehorsamer und beherrschter Hengst wird akzeptiert werden und kann gefahrlos teilnehmen. Eine realistische Einschätzung Ihrer eigenen Fähigkeiten sowie des Ausbildungsstandes Ihres Hengstes ist deswegen unumgänglich, eine abgeschlossene Basisausbildung an der Hand die wichtigste Voraussetzung für den ersten öffentlichen Auftritt. Ihr Ziel ist ein Hengst, der sich im Benehmen nicht von Wallachen oder Stuten unterscheiden läßt, ob Turniercrack oder Freizeitpartner.

Von weitem darf sich dieser Hengst das Getümmel einer Veranstaltung betrachten

Gewöhnung ohne Stress

Geben Sie Ihrem Hengst Gelegenheit, sich an das Getümmel, die vielen Menschen, Lautsprecherboxen und flatternden Fahnen in Ruhe zu gewöhnen, indem Sie ein- oder mehrmals ein Turnier, eine Showveranstaltung oder die Reitanlage Ihres Heimatstalles besuchen, ohne selbst zu reiten. Ohne Druck und in aller Ruhe haben Sie so Gelegenheit, Ihrem Hengst in Ruhe all die aufregenden Dinge zu zeigen. Fürchten Sie sich dagegen vor dem „ersten Mal", weichen dem Streß bis zum letztmöglichen Termin aus und besuchen etwa die erste Veranstaltung, wenn es wirklich drauf ankommt, ist das Mißlingen schon vorprogrammiert. Sie sind aufgeregt, Ihr Pferd erst recht, wie soll das klappen? Eine Gewöhnung im Sinne der Heraufsetzung

Daß dieser Quarter-Horse-Hengst auch während der Siegerehrung entspannt ist, muß wohl nicht mehr extra betont werden

von Reizschwellen muß in kleinen Schritten und auf eine Art erfolgen, die weder Sie noch Ihr Pferd überfordert. Wie das Training unterm Reiter, an der Longe oder vor der Kutsche auch müssen Handlungsabläufe immer wieder geübt, gefördert und positiv verstärkt werden, damit die Macht der Gewohnheit das Ruder übernimmt. Denken Sie immer daran, daß mit der Position des Herdenführers auch die Verantwortung für das anvertraute Wesen einhergeht, enttäuschen Sie das in Sie gesetzte Vertrauen nicht, indem Sie Ihren Hengst mit Situationen konfrontieren, denen er (noch) nicht gewachsen ist.

Vermeiden Sie es unter allen Umständen, Ihren Hengst im Licht der Öffentlichkeit anders zu behandeln als im trauten Heim, es ist weder besondere Nachsicht noch übergroße Härte angebracht.

Wenn Ihr Hengst das Tohuwabohu einer Turnierveranstaltung oder Reitstunde ohne große Unruhe über sich ergehen läßt, sich konzentriert und kontrolliert bewegt und andere Reiter und ihre Pferde nicht stört, kann er für seine erste Prüfung oder Abteilungsstunde angemeldet werden. Sie sollte im Niveau dem Ausbildungsstand von Pferd und Reiter angemessen sein, um übergroßen Erfolgsdruck zu vermeiden.

ABSTAND HALTEN

Für andere Reiter ist Ihr Hengst nicht unbedingt auf den ersten Blick als solcher zu erkennen. Um eventuellen Auseinandersetzungen mit oder ungewollten Annäherungen an rossige Stuten, fremde Hengste und Wallache zu vermeiden, sollten Sie von sich aus einen gewissen Abstand zum Rest der vierbeinigen Gesellschaft halten und sich nähernde Reiter freundlich um Rücksichtnahme bitten. Sie wissen ja selbst auch nicht, ob sich andere Hengste oder Wallache darunter befinden, die weniger gut erzogen und gehorsam sind als Ihr Pferd und aggressiv reagieren könnten. Dies gilt vor allem für Ruhepausen, das Warten auf den Start und weniger für intensiven Reitunterricht oder gar eine Turnierprüfung, wo die Pferde hoffentlich weitgehend abgelenkt und konzentriert sind.

Bei der Auswahl der Prüfungen sollten Sie zunächst solche bevorzugen, bei denen Sie Ihr Pferd einzeln vorstellen und erst später auch Wettbewerbe wählen, bei denen sich mehrere Pferde gleichzeitig auf engem Raum in der Bahn befinden. In Dressur- und Springprüfungen der konventionellen Reitweise werden Pferde traditionell einzeln vorgestellt, im Westernreiten hat man dagegen die Wahl zwischen Prüfungen wie den einzeln gerittenen Wettbewerben Trail oder Reining und der gemeinsamen Vorstellung, etwa bei einer Pleasure. Im Gangpferdesport sieht es ähnlich aus, wobei in vielen zunächst einzeln gerittenen Kategorien sich die Reiter der Endausscheidung dann doch gemeinsam in der Bahn befinden. Je nach Veranlagung und Ausbildungsstand von Pferd und Reiter wird es sicher möglich sein, Ihren Hengst auch in dieser Hinsicht behutsam an eine Karriere als Sportpferd heranzuführen.

AUSRÜSTUNG

Ausbildungsstand des Pferdes und Ausrüstung von Pferd und Reiter sollten sich sinnvoll ergänzen. Gemeinhin pflegte man lange Zeit bei heftigen Pferden als Allheilmittel eine Kandare statt einer gewöhnlichen Trense einzuschnallen und es zusätzlich mit möglichst vielen Hilfszügeln und Sperrhalftern ausbruchssicher zu verschnüren. Heute weiß man, daß das Fluchttier Pferd durch derartige Konstruktionen sicher nicht daran gehindert werden kann, bei Angst oder Aggressionen seine überlegene Körpermasse auszunutzen und sich vom Ort des Geschehens zu verabschieden. Wenn sich Fury mit einer seinem Ausbildungsstand angemessenen Zäumung nicht regulieren läßt, sollte er zunächst weiter ausgebildet und erzogen werden, bevor man ihn auf die Menschheit losläßt. Wer seinem Hengst verfrüht eine Kandare verpaßt in dem Irrglauben, ihn damit – weil er doch schließlich ein Hengst ist – besser „halten“ zu können, wird Reiter und Pferd überfordern. Hilfszügel sind genau das, was ihr Name aussagt, nämlich Hilfskonstruktionen zur Überbrückung zeitweiliger Probleme; wer Hilfszügel dauerhaft verwendet und ohne sie nicht mehr leben kann, ist ein reiterlicher Hilfsschüler.

Werden Hengste anläßlich offizieller Veranstaltungen an der Hand vorgestellt, ist die Verwendung einer Trense oder Führkette meist obligatorisch. Sicher mögen sich viele Hengste mit einfachem Halfter und Führstrick artig und brav an den größten Verlockungen vorbei führen lassen, die meisten Veranstalter aber schreiben Trense oder Kette im Interesse der allgemeinen Sicherheit vor. Zudem dürfen in vielen Fällen Hengste nicht von Kindern unter einem bestimmten Alter vorgestellt werden, auch dies sicher zu Recht. Als Führperson tut man gut daran, eine Gerte oder einen ausreichend langen Führstrick mit sich zu führen, um den übermütigen Fury notfalls durch vorgehaltene oder sogar spürbar touchierende Gerte bzw. rotierendes Strickende an die Beachtung der eigenen Individualdistanz zu erinnern. Gerade bei

Hengste müssen nicht alle an die Kandare genommen werden, wie hier Aegidienberger „Faxi“ demonstriert

unerfahrenen Junghengsten läuft man sonst Gefahr, beim Auftauchen des ersten verlockend duftenden Stütchens schnell in den Hintergrund von Furys Gehirnwindungen verbannt zu werden und seinen lieben Hengst plötzlich und unvermittelt auf dem großen Zeh wiederzufinden.

Fünf Hengste, fünf lachende Reiter: Spaß pur auf isländisch

LIEBER EIN GLÜCKLICHER WALLACH ...

...als ein unglücklicher Hengst mitsamt ebenso empfindendem Besitzer. Zwar überläuft vor allem männliche Hengstbesitzer beim Gedanken an eine eventuelle Kastration – des Pferdes – ein eiskalter Schauder, objektiv betrachtet aber stellt ein derartiger Eingriff in vielen Fällen das bei weitem kleinere Übel dar. Wo Hengstmanieren überhand nehmen, wo der Hengst durch nicht zu beeinflussende Umstände zu einem dauerhaft isolierten Leben verdammt ist, wo sich Reiter und das gesamte Umfeld durch das Hengst-Sein des geliebten Pferdes überfordert fühlen oder wo hengstspezifische Eigenarten einer Nutzung im Sport entgegenstehen, hält die veterinärmedizinische Chirurgie eine ehrenhafte Lösung parat: Da wird durch eine recht einfache Operation flugs aus dem Hengst ein Wallach und damit oft auch aus dem heftigen, hormongebeutelten Nervenbündel ein umgänglicher Partner. Allerdings nicht immer und schon gar nicht über Nacht.

Auch wenn die Kastration, also die Entfernung beider Hoden, ein vom medizinischen Standpunkt recht einfacher und erfolgversprechender Eingriff ist, so stehen dem Entschluß zu dieser nicht wiedergutzumachenden Entmannung recht bedeutende Hindernisse im Weg. Die allerdings existieren überwiegend in den Köpfen der

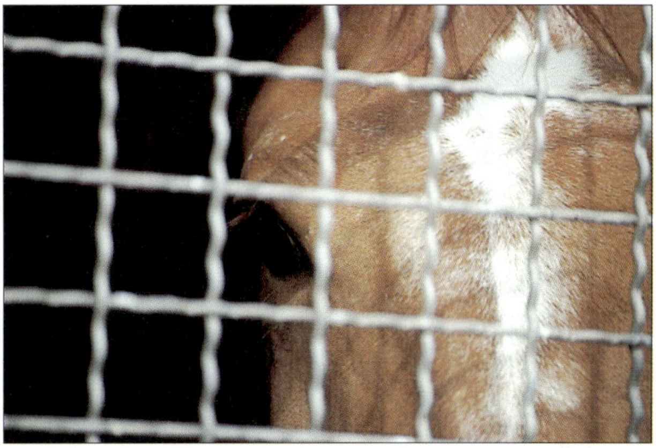

Ohne Worte

Besitzer, die in falsch verstandener Tierliebe ihrem Pferd eine vermeintlich widernatürliche Demütigung ersparen wollen. Lieber bleibt Fury halt in der Gitterbox, weil er draußen durch sämtliche Zäune geht, lieber wird er ausschließlich in der Halle geritten, weil er im Gelände nicht zu halten ist, sobald er Pferdegesellschaft wittert, und lieber zahlt man dem Pfleger zum x-ten Mal Schmerzensgeld, weil er schon wieder einen Tritt vom Fury eingefangen hat, anstatt alle Probleme auf einen Schlag aus der Welt zu schaffen. Man sollte nicht vergessen, daß bei einer strengen Zuchtauswahl die Mehrzahl aller männlichen Nachkommen früher oder später dem Messer des Operateurs zum Opfer fällt und mithin der Wallach, nicht der Hengst, die Regel ist. Reitpferde der meisten Rassen werden vorwiegend im Alter von einem bis drei Jahren gelegt, eine Ausnahme macht man im allgemeinen lediglich bei Deckhengsten und bei Barockpferden. Die Verwandlung eines Hengstes in einen Wallach ist also ein recht alltäglicher, unproblematischer Vorgang. Sollten Sie selbst einmal vor dieser Entscheidung stehen, handeln Sie sicher zum Wohle des Pferdes, das sich nicht selbst helfen kann.

Zurück zu den Fakten. Hartnäckig hält sich der Irrglaube, männliche Tiere würden kastriert, während derselbe Eingriff beim weiblichen Exemplar als Sterilisation bezeichnet wird. Dem ist nicht so, sondern diese beiden Vorgänge unterscheiden sich erheblich. Als Sterilisation bezeichnet man beim männlichen wie beim weiblichen Tier einen Eingriff, der durch Unterbrechung der abführenden Wege der Keimdrüsen eine Unfruchtbarkeit bewirkt. Die Keimdrüsen – Hoden oder Eierstöcke – bleiben also erhalten, Hormone werden weiter produziert, aber eine Fortpflanzung ist nicht möglich. Wenngleich aus nachvollziehbaren Gründen beim Menschen diese Form der Verhütung bevorzugt wird, wird sie beim Hengst kaum angewendet. Ein sterilisierter Hengst verhält sich wie ein Hengst und zeigt das gesamte Verhaltenspotential inklusive Paarung, er kann lediglich keine Nachkommen erzeugen. Wo also Hengstmanieren oder Unverträglichkeit mit anderen Pferden eine Operation angeraten erscheinen lassen, reicht eine Sterilisation sicher nicht aus. Es muß also schon eine Kastration sein.

UND FOLGST DU NICHT WILLIG ...

...so brauch′ ich ein Messer oder genauer, einen Emaskulator. So nämlich heißt das tierärztliche Instrument, das mit einem Schnipp einen Hoden entfernt und gleichzeitig sämtliche Gefäße blutungsverhindernd quetscht. Glücklicherweise – zumindest von unserem Standpunkt aus gesehen, der Hengst sieht das sicher anders – sind beide Hoden gut zugänglich, was die Operation sehr vereinfacht. Der Hengstbesitzer hat in den meisten Fällen die Wahl zwischen einer Kastration im Stehen, bei der das Tier lediglich ruhiggestellt und örtlich betäubt wird, und einer Operation am betäubten, niedergelegten Pferd. Althengste und Klopphengste wird man sicher immer unter Vollnarkose kastrieren, um das Operationsrisiko und die Verletzungsgefahr für alle Beteiligten klein zu halten.

Wo möglich, sollte der Termin nicht unbedingt in die heiße Jahreszeit gelegt werden, da Fliegen und anderes Geziefer das Infektionsrisiko erhöhen. Zum Zeitpunkt der Operation muß sich der Hengst in einem guten Gesundheitszustand befinden und durch eine gültige Tetanus-Schutzimpfung abgedeckt sein. Nach dem Eingriff, bei dem die Haut des Skrotums geöffnet und beide Hoden freigelegt und entfernt werden, wird der Hengst für einige Zeit ein Antibiotikum erhalten, um etwaigen Wundinfektionen vorzubeugen. Der Besitzer sollte für einige Tage das Operationsfeld kritisch beäugen und Auffälligkeiten sofort seinem Tierarzt melden. Doch meist ist nach ein paar Tagen alles vergessen, und die frischgebackenen Wallache erfreuen sich wieder ihres Lebens.

Hengstmanieren und andere hengstige Angewohnheiten werden nun nicht über Nacht verschwinden, sondern sich im Lauf der nächsten Monate langsam abschwächen. Allerdings behalten vor allem spät gelegte Pferde oft Elemente ihres Hengstverhaltens bei, auch wenn die Hormone als eigentliche treibende Kraft nur noch in Spuren vorhanden sind.

HALBE HENGSTE

Einen Sonderfall stellen Klopphengste oder Kryptorchiden dar, sie liegen anatomisch und hormonell gesehen irgendwo zwischen Hengst und Wallach. Die Bezeichnung „Kryptorchide" weist darauf hin, daß sich ein oder beide Hoden (orchis) noch in der Bauchhöhle (crypta) befinden. Ursprünglich, während der Entwicklung des Hengstfohlens im Mutterleib, liegen beide Hoden hoch oben in der Bauchhöhle und wandern erst um den Geburtstermin über den Leistenspalt in den für die Aufnahme der Hoden vorgesehenen Hautsack, das Skrotum, geführt vom Leitband des Hodens (Gubernaculum testis). Dieser „Hodenabstieg" sollte einige Zeit nach der Geburt abgeschlossen sein, häufig kommt es aber zu Störungen des Vorgangs. Dabei kann ein Hoden im Bauchraum verbleiben (abdominaler Kryptorchismus), am Eingang des Leistenspaltes feststecken (unvollständiger abdominaler Kryptorchismus) oder mitten in der Engstelle des Spaltes festsitzen (inguinaler Kryptorchismus). Je nachdem, ob ein Hoden oder gar beide betroffen sind, spricht man vom einseitigen bzw. unilateralen oder vom beidseitigen bzw. bilateralen Kryptorchismus.

Ein beidseitiger oder ein unvollständig kastrierter einseitiger

Kryptorchide wird, auch wenn er alle äußeren Anzeichen eines Hengstes zeigt – bis auf die Hoden eben – und sich auch wie ein richtiger Mann verhält, nie Vater werden. Die Spermien haben es nämlich nicht gerne warm, sie können sich nur dann erfolgreich zu befruchtungsfähigen Keimzellen entwickeln, wenn ihre Umgebungstemperatur unter der normalen Körpertemperatur liegt und das funktioniert eben nur im Hodensack. Dies ist auch der Grund für die eigentlich doch recht unpraktische und gefahrenträchtige Unterbringung der Hoden, denn eigentlich wären sie natürlich im Becken- oder Bauchraum wesentlich sicherer und für den Hodenträger bequemer aufgehoben.

Die Hormonproduktion dagegen leidet nicht unter den schwülwarmen Zuständen, so daß sich der Klopphengst wie ein vollständiger Hengst benimmt und fühlt. Nun könnte sich ja der Besitzer eines solchen halben Hengstes freuen: Er kann die Vorteile des echten Mannes in seinem Pferd genießen, ohne sich vor eventuellen Konsequenzen wie ungewollten Bedeckungen fürchten zu müssen. Leider gibt es handfeste Gründe dafür, aus Klopphengsten baldmöglichst Wallache zu machen, sprich die unvollständig abgestiegenen Hoden operativ zu entfernen. Die von der Natur nicht vorgesehene Dauerwärme kann in vielen Fällen zu Entartungen, also Krebsgeschwülsten des Hodens führen, die natürlich im Verborgenen ablaufen und deswegen nicht oder zu spät erkannt werden. Deswegen empfiehlt es sich, Klopphengste vollständig zu kastrieren und Vererber, unter deren Nachkommen Kryptorchiden vermehrt auftreten, am besten aus der Zucht zu nehmen, da eine genetische Veranlagung zur Vererbung des Kryptorchismus zumindest stark vermutet wird.

Klopphengste sollten, wie auch ältere oder gesundheitlich angeschlagene Hengste, zur Kastration in eine Klinik verbracht werden, wo ihnen bei eventuellen Komplikationen schneller und effektiver geholfen werden kann.

Fast zu kitschig, um wahr zu sein und doch traumhafte Realität: Hengst und Mensch in Harmonie

... UND ZUM SCHLUSS EIN „DANKESCHÖN"!

Völlig undenkbar, ein Buch über Freud und Leid der Hengsthaltung abrupt mit Ausführungen zur Kastration enden zu lassen. Womöglich käme der geneigte Leser gar auf die Idee, dies als beabsichtigten, leisen Wink mit dem Zaunpfahl zu verstehen, die Hengsthaltung ob der damit verbunden Schwierigkeiten schnöde zu beenden, bevor sie noch richtig begonnen hat! Statt also quasi den Wallach ans Ende zu stellen nutze ich lieber die Gelegenheit, mich bei den vielen Zwei- und Vierbeinern zu bedanken, die maßgeblich an der Entstehung dieses Buches beteiligt waren.

Die Züchterfamilie Müller-Himschoot vom Islandpferdegestüt Hochwaldhof und die engagierten Islandzüchter Heike und Ludwig Becher aus dem Oberbergischem Land teilten in vielen Gesprächen ihr Wissen und ihre Erfahrungen hinsichtlich artgerechter Hensthaltung in der Herde mit mir, ihnen allen sei herzlich gedankt. Martina Hoffmann und Norman Feigel vom Centro Espan˜ol de Caballos Espan˜oles sowie ihre Freunde steckten mich mit ihrer Begeisterung für den Hengst Reiner Spanischer Rasse an und ermöglichten viele der abgebildeten Aufnahmen. Sonia Braun demonstrierte am Beispiel der beiden Hengste „Spotlight One" und „Steel A Glo"– Insidern besser als „Paul" bekannt – viele praktische Aspekte der Hengsterziehung auf vorbildliche Weise, ihr und ihren Pferden sei dafür herzlich gedankt.

Mein ganz persönlicher Dank geht an Anette für einen Fußtritt zur rechten Zeit.